中国农村生态环境治理

Environmental Governance in Rural China

郭跃文　曾云敏　等 / 著

社会科学文献出版社
SOCIAL SCIENCES ACADEMIC PRESS (CHINA)

序　言

　　农村生态环境治理现代化是我国乡村振兴和生态文明建设两大战略的交汇点，是国家治理体系和治理能力现代化的重要内容，是实现社会主义现代化的应有之义。党的十八大以来，中央对农业农村问题和生态环境问题的重视程度空前提高，广东积极响应中央号召，认真贯彻习近平生态文明思想，加快农村生态环境治理体系建设步伐，在不断提高农村环境质量的同时，也为治理体系和治理能力现代化的理论研究和实践探索提供了大量鲜活案例。

　　近几年来，广东省社会科学院重点课题组对我国农村生态环境治理政策变化及广东种植业污染、畜禽养殖污染、生活垃圾治理、乡村旅游发展中的环境保护问题等展开了持续的跟踪调研，围绕治理问题反复讨论，最终形成了本书。本书立足广东实践，以具体案例为切入点，发掘理论洞见，见微知著，为理解中国农村生态环境治理体系建设提供了一个较为细致的观察和分析视角。

　　全书共分七章，主要内容安排如下。

　　第一章由曾云敏、郭跃文撰写。该章的目的是为理解中国农村生态环境治理体系的演化发展提供一个总体性的制度分析视角。该章认为，治理体系的演化可以通过一个三种因素驱动下三个维度共同演化的框架加以理解，三种因素是指使命型政党、国家能力、开放包容的学习机制；三个维度是指治理结构、治理机制和治理工具。借助这个框架，我们可以以一个较为宏观的制度视野来洞察改革开放以来，中国农村生态环境治理体系是如何逐步建立和发展的，推动农村生态环境治理相关制度更加成熟和更加稳定需要破解哪些问题。

第二章由李成、石宝雅撰写。该章通过政策文本分析，考察了新中国成立以来中国农村生态环境治理政策的变迁过程。该章基于 1949～2021 年 136 份权威政府部门发布的涉及农村生态环境治理的重要政策文本，运用内容分析法，把政策体系演化划分为初步形成、持续探索、稳步提升和深化发展四个阶段。通过对不同阶段出台政策的文本内容的剖析，该章发现政策呈现理念不断升华、工具不断丰富、实施效果不断提升的特点，有效支撑了中国农村生态环境治理的推进。

第三章由吴大磊撰写。该章从多中心治理理论出发，探究政府、企业和农户在种植业面源污染治理中的角色与作用，构建了一个基于"政府－企业－农户"协同的农业面源污染治理分析框架，并利用世界银行贷款广东农业面源污染治理项目调研获得的第一手问卷数据，研究了政府、企业和农户在种植业面源污染治理中的作用。结果表明，政府在种植业面源污染治理中扮演较为重要的角色，这主要表现在通过资金补贴来促进农户选择环境友好型肥料，通过技术培训来促进农户形成减肥减药的行为习惯和增强环境认知，为其实施环境友好型生产行为创造必要条件上；农资店在推广环境友好型肥料的过程中起到积极的中介作用；农户教育背景、身份背景（是否拥有村干部经历）这两个因素对农户实施环境友好型生产行为具有显著影响。上述研究结论验证了种植业面源污染治理采取多中心治理模式的必要性，为寻求和建立稳固的农村环境污染治理机制提供了参考借鉴。

第四章由王丽娟撰写。该章以农户行为理论与多元治理理论为基础，以广东规模化生猪养殖场为案例，着重研究和实证分析了生猪养殖场（户）废弃物治理模式选取的影响因素、决策模式及选择路径。结果表明，可实现经济效益和环境效益耦合以满足治理目标的治理模式，更易被既是生产主体也是治理主体的养殖场（户）主动选择和应用；环境规制政策是生猪养殖废弃物治理的重要外在动力，政府在畜禽养殖废弃物治理与资源化利用中扮演监督者、组织者、服务购买者等"多重角色";纵向协作关系的建立和高效运作对畜禽养殖废弃物资源化利用也至关重要,养殖企业增强与周边农户(种植主体)等利益相关方之间的互动,更利于搭建互惠共赢的废弃物资源化利用"关系网络"。该章还提出持续推动畜禽养殖废弃物治理目标多维耦合化、治理工具多元组合化、治理体系多层网络化以及纵向协作关系紧密化等对策建议。

第五章由赵亚兰、邹开敏撰写。该章以农村生活垃圾治理为主要研究对象,在分权理论的基础上,结合广东省28个农村样本的实地调研情况,构建"管理-状态-条件"的分析模型,使用"保洁状况"这一指标来衡量各村生活垃圾治理效果,从财力保障和分权两类指标切入,揭示影响广东省农村生活垃圾治理效果的条件及其组合情况,以寻求在政府推动农村生活垃圾治理方面的思路和启示。该章的重要结论是:适度分权对提升广东省农村生活垃圾治理成效有显著作用,即使财力保障不足,通过优化政策设计和基层治理能力建设,也可以取得较好的农村生活垃圾治理效果;未来政策的着力点在于,继续加强村级组织的参与度(向外分权),提升村级组织治理能力。

第六章由武文霞、庄伟光撰写。该章主要探讨乡村旅游发展与环境保护之间的矛盾和协调治理机制建设问题。该章分别选取佛山、阳江、梅州三个乡村旅游案例,分析地方政府在处理乡村旅游与生态环境保护之间的矛盾时所采取的治理策略和形成的治理模式。结果表明,政府、村民和企业等主体协同维护乡村生态环境,政府发挥积极主导功能,村民发挥关键主力作用,文旅企业发挥示范引领效能,游客躬身力行示范等,共同推动文旅资源转化为经济收益,促进乡村旅游可持续发展。

第七章由刘羽、赵亚兰撰写。该章的目的是挖掘全球农村生态环境治理研究的异质性、时空特征,可视化展示全球农村生态环境治理研究现状和发展趋势。该章结合科学计量学和社会网络可视化分析方法,从年度研究成果、活跃期刊、主要知识流、主要国家/地区和机构、重要参考文献等方面探讨了农村生态环境治理领域研究的历史、现状和趋势，揭示了潜在的学术共同体和知识流。

郭跃文、庄伟光、曾云敏对全书进行了审校。邓智平、宋宗宏、王凯风等参与了全书分析框架的讨论；社会科学文献出版社的编辑同志为本书的出版付出了大量心血，借此机会一并表示由衷的感谢。

目　录

第一章 中国农村生态环境治理现代化的主要表征和驱动因素

完善和发展中国特色社会主义制度、推进国家治理体系和治理能力现代化是全面深化改革的总目标。国家治理体系和治理能力现代化进程往往表现出先城市后农村的空间演化特征和先经济社会后生态环境的领域推进特征。因此，具有时空重叠属性的农村生态环境治理体系的发展情况，往往最能清晰地反映一个国家治理体系和治理能力现代化的进展。

改革开放以来，特别是党的十八大之后，党和国家高度重视农村生态环境治理问题，持续不断推进制度建设，逐渐形成了一套中国特色的农村生态环境治理体系，有效扭转了农村生态环境恶化退化趋势，乡村人居环境开始趋于改善。数据表明，截至"十三五"期末，全国行政村的生活垃圾处置体系覆盖率已经超过 90%，农村生活污水治理率达到 25.5%，化肥、农药利用率也分别达到 40.2% 和 40.6%。新型粪污综合利用率在 76% 以上，秸秆综合利用率达到 86.7%。① 如何准确把握

---

① 《生态环境部部长黄润秋国新办新闻发布会答记者问》，中华人民共和国生态环境部网站，2021 年 8 月 18 日，https://www.mee.gov.cn/ywdt/zbft/202108/t20210818_858184.shtml。笔者认为，此处数据并不能说明农村生活污水治理率过低，笔者在广东北部山区和东西两翼的调研结果表明，有相当部分农村的生活污水是可以通过自净的方式实现治理的，只有部分村庄需要建设专门的污水治理设施进行生活污水治理。

农村生态环境治理体系发展状况，找准推动治理体系和治理能力现代化的着力点，是亟须解答的重大问题。本章尝试提出治理体系现代化三种因素驱动下三个维度共同演化的分析框架，把农村环境治理体系现代化解析为使命型政党、国家能力和开放包容的学习机制三种因素作用下治理结构、治理机制、治理工具三个维度共同演化的过程，以此梳理改革开放以来中国农村生态环境治理体系演化逻辑，并提出关于促使我国农村生态治理制度更加成熟、更加稳定的几点思考。

第一节　理论概述和框架的提出

习近平总书记指出，"推进国家治理体系和治理能力现代化，就是要适应时代变化，既改革不适应实践发展要求的体制机制、法律法规，又不断构建新的体制机制、法律法规，使各方面制度更加科学、更加完善，实现党、国家、社会各项事务治理制度化、规范化、程序化"[①]。要把握中国治理体系现代化的实践和未来方向，就需要回答两个基本问题：一是治理体系现代化的内涵和组成问题，二是治理体系现代化背后的演化机理问题。

学术界对治理体系现代化的分析，以国家治理现代化理论、新公共治理理论和公共物品治理理论等为代表，主要围绕治理体系中的结构、机制和工具三个维度展开。结构即治理主体关系强弱，机制即治理主体关系的理性化和程序化程度，工具即所运用的治理手段。

国家治理现代化理论认为，治理现代化是关系理性化过程。马克斯·韦伯提出，"现代国家的形式特征主要是：它拥有一个行政管理和法律的秩序，由立法程序可予以改变，管理干部的组织行动在经营运作时——这亦通过明文规定来控制——即以此秩序为依归"[②]。韦伯

---

①　《习近平谈治国理政》，外文出版社，2014，第 92 页。

②　〔德〕马克斯·韦伯：《韦伯作品集Ⅶ：社会学的基本概念》，顾忠华译，广西师范大学出版社，2005，第 76 页。

认为，官僚体系的建立是治理现代化的核心，官僚按照非人格化的普遍规则行事，现代官僚体系具有劳动分工专门化、权力等级关系清晰、组织高度正规化、组织成员关系非人格化、个人职业技术化等特征。① 学者从不同角度对理性化进行了阐述，比如明茨伯格提出，现代政府治理是"在决策的制定与执行之间严格两分。战略高层制定决策，中间层和运营层负责执行"②；彼得斯提出，发展中国家尤其要关注理性化过程的重要性，"欧美国家的政府官员正在寻找方法以转变成为更为企业型的官僚，并减少繁文缛节的羁绊。但许多体制转换中国家和发展中国家却面临着不同的挑战。这些国家所面临的问题是建立韦伯式的和规则式的官僚体制，而这些体制在工业化国家正在被废弃"③。

新公共治理理论指导下的"新治理运动"或者"新公共管理运动"主要是针对现代官僚制的低效率、僵化等问题，提出要强化市场和社会作用、削弱政府，减少管理职能而增加服务职能，向第三方部门和社会放权，④ 并提出一些新的治理概念：不需要政府的公共管理、政府撤出的公共管理、"社会自理"、"网状治理"、"制衡式治理"等。相关研究倾向于推动治理体系朝着更具弹性、更多元化的方向发展。

公共物品治理理论则从治理对象角度出发，强调需要根据公共事务特征确定对应的治理模式。经济学从排他性与竞争性差异的角度，将公共物品细分为公共池塘资源、俱乐部产品、纯粹公共物品等三种类型（见表 1 - 1），其对应的供给机制是：公共池塘资源适合由当地居民自

---

① 〔德〕马克斯·韦伯著，约翰内斯·温克尔曼整理《经济与社会》上卷，林荣远译，商务印书馆，1997，第 240 ~ 295 页。

② 〔加拿大〕亨利·明茨伯格：《卓有成效的组织》，魏青江译，中国人民大学出版社，2012，第 225 页。

③ 〔美〕B. 盖伊·彼得斯：《政府未来的治理模式》，吴爱明、夏宏图译，中国人民大学出版社，2017，第 9 页。

④ 曹海军：《"国家学派"评析：基于国家自主与国家能力维度的分析》，《政治学研究》2013 年第 1 期。

行组织供给；俱乐部产品适合采取会员制收费方式提供；纯粹公共物品适合由政府直接供给，其中全国性纯粹公共物品适合由中央政府提供，而区域性纯粹公共物品适合由地方政府提供。当然，资源和环境问题随着时间和地点而改变，资源使用者的特点也在改变，因而这些问题没有单一解决方案，相反的是，存在许多不同的问题和许多不同的解决方案，① 现代治理主体的具体组合取决于"潜在问题的范围与相关行动者的组织结构、问题类型和制度背景之间的一致性"②。虽然这些观点并没有直接论及治理现代化问题，但其理论启发也是非常明显的，即治理现代化在现实中应该表现为对不同事务建立针对性和差异化的治理模式。

表 1-1　四种类型的物品

竞争性		排他性	
		有	无
	有	私人物品 （衣服、食物、家具、拥挤的收费道路）	公共池塘资源 （公海中的鱼、环境、拥挤的不收费道路）
	无	俱乐部产品 （有线电视、无线网络、不拥挤的收费道路）	纯粹公共物品 （国防、预警系统、不拥挤的不收费道路）

资料来源：《西方经济学》编写组编《西方经济学》（第 2 版）上册，高等教育出版社，2020，第 363 页。

什么是驱动治理体系现代化的关键力量？不同学者围绕政党、国家能力和适应性学习等提出了各自观点。比如，亨廷顿强调政党的重要性，他认为，现代化之中的政治体系，其稳定性取决于其政党的力量。那些实际上已经达到或者可以被视为达到政治高度稳定状态的处于现代

---

① 〔美〕埃莉诺·奥斯特罗姆：《公共事物的治理之道》，余逊达、陈旭东译，上海三联书店，2000，第 30 页。

② 〔美〕弗朗西斯·福山：《何谓"治理"？如何研究?》，王匡夫译，《国外理论动态》2018 年第 6 期。

化进程之中的国家,至少拥有一个强大的政党。① 国家能力理论则强调能力的重要性,比如莫里西奥基于拉美国家经验,认为财政能力和司法能力是保障国家提供公共服务的两个基础能力;② 弗朗西斯·福山强调制度化能力,即"国家干净地、透明地计划、执行政策和执行法律的能力"的重要性;③ 米格代尔则认为建立权威才能够保证国家系列规则的可执行性,即让规则为"民众接受和认可"的能力。④ 而现代治理理论强调政策学习的重要性,萨巴蒂尔所描述的"以政策为导向的学习活动"被越来越多的研究认为是确定最佳决策方案的重要途径。也有研究认为,中国实现现代化的关键在于中国共产党基于东欧政党因僵化而失败的教训产生反思,采取不断学习和进化的方式推进改革,⑤ 其中,反复试点就是保持制度适应性的重要机制。⑥

综合上述文献观点,我们可以得出理解一般治理体系现代化的三维框架和三重逻辑。

(1)三维框架:治理体系现代化是治理结构、治理机制和治理工具三维共同演化的过程。首先,治理结构均衡化。以农村生态环境治理为例,从全球环境史来看,在传统农业社会,农村生态环境问题并不凸显,也并不存在相应的治理制度。生态环境问题及治理都是在现代化历程中出现和发展起来的,这一过程也是政府和社会在治理体系中的参与过程和关系结构的建立过程。其次,治理机制程序化,或理性化、制度化。也就是说,治理机制不再主要依赖传统的非正式制度或者任意命

---

① 〔美〕塞缪尔·亨廷顿:《变化社会中的政治秩序》,王冠华、刘为等译,生活·读书·新知三联书店,1989,第 377 页。

② Mauricio Cárdenas, "State Capacity in Latin America," *Economía* 10 (2010): 1 - 45.

③ Francis Fukuyama, "The Imperative of State-Building," *Journal of Democracy* 15(2004): 17 - 31.

④ 〔美〕乔尔·米格代尔:《国家能力:建立权威》,杨端程、陆屹洲译,《中国政治学》2020 年第 1 期。

⑤ 〔美〕沈大伟:《中国共产党:收缩与调适》,吕增奎、王新颖译,中央编译出版社,2011。

⑥ 韩博天:《通过试验制定政策:中国独具特色的经验》,《当代中国史研究》2010 年第 3 期;韩博天:《中国政治体制具有高度适应力》,《求是》2013 年第 3 期。

令，而是基于理性化、非人格化的正式规则。① 最后，治理工具多元化和精细化。也就是说，告别传统社会统一化和简单化的治理模式，根据不同资源环境事务的特征和制度条件建立差异化、针对性的治理手段，从而实现对特定问题进行更为精准的治理。

（2）三重逻辑：治理体系现代化是政党驱动、国家能力支撑和学习机制共同作用下的结果。对治理体系现代化中政党、国家能力和学习机制分别进行的作用分析虽然都切中要害、各有道理，但也偏于一隅。要从整体上把握治理体系现代化的决定因素，一个兼收三者的综合性框架有助于做出更为全面的解释。因此，包括农村生态环境在内的各领域治理体系的现代化，可以被看成三种因素共同作用下的结果：使命型政党进行引领和驱动，它决定了治理体系发展的方向；国家能力是根本支撑，它决定了治理体系现代化相对应的正式机构、正式规则等能否得到足够的资源支撑；开放包容的学习机制确保能够以适当方式获得现代化的知识并利用这些新知识改造传统治理体系，它解释了我们在实践中如何找到"好的制度"（见图1-1）。②

第二节　三维共同演化视角下的中国农村生态环境治理体系变迁

与大多数国家一样，在中国传统农耕社会，农村生态环境问题只是零星出现，与此对应，治理制度也往往较为零散而不成体系。新中国成

---

① 这并不意味着治理体系演化是现代取代传统的线性过程，非人格化程度也并非越高越好。比如，以色列建立了高度非人格化的官僚体系，居民对非人格化和普遍规则应用十分熟悉。但是东部犹太移民涌入后，这些规则不再适应治理需求。这些移民甚至不愿意接受最基本的普遍原则，行政部门不得不通过调整自身的行为来包容不同行为模式。而在一些具体的领域，非正式的传统的制度可能更为有效。大量公共池塘治理中，不仅在许多发展中国家，而且在日本、瑞士等高度发达的现代化国家，都有许多仍然依赖传统的、自发形成的地方制度的治理模式。但是，这些案例并不能否定治理体系现代化整体演化所展现出来的以正式规则取代非正式规则、显规则取代隐规则的趋势。

② 这个框架也可以概括为3H，即how is，建成什么样的治理体系；how can，能不能建成；how to，如何实现。

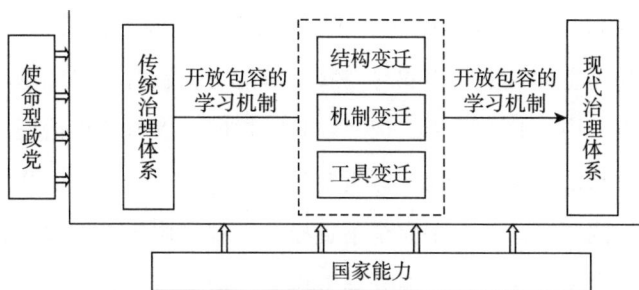

图 1 - 1　中国治理体系现代化逻辑框架

资料来源：笔者自绘。

立尤其是改革开放之后，随着经济社会的快速发展，农村生态环境问题开始增多，并逐渐成为重要的资源环境乃至经济社会问题。与之对应，我们也可以清楚观察到我国对农村环境治理的投入呈现不断强化的趋势：改革开放之后陆续建立各种制度，逐步将农村生态环境问题作为一个专门的领域加以应对；党的十八大之后，随着生态文明建设持续推进和乡村振兴战略的实施，逐渐形成了全面推进农村生态环境治理的格局。而在这个历程中，每个小领域的治理体系也都经历了一个不断出现、形成和完善的过程，下面仅举几例。

一是秸秆焚烧。20 世纪 90 年代，随着农村燃料替代，秸秆的传统处理方式逐渐走进历史，秸秆焚烧污染开始出现并日益严重。不少地方的基层政府开始探索如何实现禁烧。进入 21 世纪之后，经过不断摸索，逐渐探索形成了以禁烧和资源化利用为主的政策体系。但是，由于屡禁不绝，秸秆焚烧治理逐渐上升到中央政策法规层面，并通过两种主要手段推进：一方面，以行政高压、部门联合、广泛动员的方式推进禁烧；另一方面，农业部（现农业农村部）和地方试点或者推广大量不同的资源化利用技术、模式各异的资源化利用项目。随着时间的推移，手段逐渐固定为三种常规化政策，即以法律机制为主行政命令为辅的禁烧政策、新型综合利用项目试点和推广政策、多种形式的综合补贴政策的组合。秸秆焚烧治理的政策开始趋于常规化，2008 ~ 2021 年，秸秆综合利用率从 68.7% 提高至 86.7%，污染问题逐步趋于解决。

二是农村垃圾治理。20 世纪 90 年代，随着农村消费结构的变化，以塑料制品为主的垃圾超出农村自我消解能力，农村垃圾问题开始出现并日益严重，引起政府重视。但在较长时期内，农村垃圾治理采取的仍然是以农村自治为主的方式，即主要是以村镇自行组织清运和填埋的方式解决垃圾问题，政府几乎完全不直接介入农村垃圾治理体系，而只是督促、指导和协助村委会开展处理工作，然而，自治方式无法应对日益增多的电子、金属和塑料等垃圾。2000 年前后，开始转变为政府指导下的基层主导治理。随着"十二五"时期社会主义新农村建设更具体要求的提出、卫生村创建等工作的开展，各地探索以由上级部门提供资金和技术、以镇为单位建设小型垃圾填埋场以及定期焚烧等方式解决农村垃圾问题，这类政策的结果是产生了大量简易的填埋场，而焚烧也带来了新的污染，很快被认为是无效的；党的十八大之后，各地逐渐摸索出"户收集、村集中、镇转运、县处理"的农村垃圾四级治理体系，取得很好效果，得到广泛推广，并逐渐成为常规化的治理机制，"垃圾靠风吹""垃圾围村"的现象走进历史。①

三是农村生活污水治理。农村生活污水问题出现得相对较晚，到了20 世纪 90 年代中后期才逐渐严重起来，而长期以来，环境保护部门几乎没有针对该领域的治理问题提出思路性或者指导性的意见，虽然在一些生态示范和创建项目中设置了农村生活污水治理内容，但也缺乏明确的规定。进入 21 世纪之后，东南沿海城市开始尝试解决本地农村生活污水问题。例如，2003 年，杭州市开展"生态市"建设，开始实行"百村示范，千村整治"工程；2006 年，青岛市财政投资 600 万元，在郊区选择 10 个村进行了农村污水集中处理试点。但是，这种方式并没有得到普及。党的十八大之后，中央和一些省份开始在每个县按照特定比例推进农村生活污水治理设施建设，与此同时，也基本明确了通过财

---

① 曾云敏、赵细康、王丽娟：《跨尺度治理中的政府责任和公众参与：以广东农村垃圾处理为案例》，《学术研究》2019 年第 1 期。

政专项拨款、PPP以及专项债等多种手段支持农村生活污水治理设施建设，重点支持基层组织和市场化机构参与运营的问题解决方式，农村生活污水治理体系开始在部分农村地区稳步铺开。[①]

从治理结构、治理机制和治理工具三个维度，可以更为清晰地把握中国农村生态环境治理体系现代化的演化机理。

一　从治理结构看，经历了从自发治理到多元参与共同治理的转变

在大部分的农村生态环境事务治理中，我们可以观察到政府力量从无到有、从弱到强的变化过程，包括通过国家规章制度或者管理办法的形式确定具体机制的顶层设计；中央或者省级财政资金负责全部或部分的治理支出；以中央发起的示范区建设或者试点的方式组织生态环境事务治理；等等。高层级政府对生态环境事务的介入并非主动的，而往往是顺应公共事务治理的内生需求而做出的适应式应对，许多农村生态环境事务制度实验起初往往以农村或者基层政府为开展主体，当这些实验无法发挥作用的时候，更高层级的政府不得不介入其中。更高层级的政府，尤其是中央和省级政府的深度介入，对农村生态环境治理体系的发展起到重要的推动作用。可以看到，在农村垃圾治理、农村生活污水治理等领域，基层和农村主导的模式往往缺乏足够的资源保障能力，也无法解决现代化公共物品治理设施（如垃圾处理场）的规模经济问题，因此，更高层级政府构成了现代治理体系中不可或缺的一部分。

二　从治理机制看，经历了从非正式规则主导到正式规则主导的转变

改革开放40多年来，中国农村生态环境治理经历了运动式治理、

[①] 内容参考了陈意昌、孙明德、刘昌文《以生态自然净化处理农村污水之探讨》，《水土保持研究》2005年第5期；石峰、范立建、吕实波等《2006年山东省农村垃圾和污水处理状况调查》，《预防医学论坛》2008年第9期。

实验式治理、项目式治理和常规化治理依次出现的过程，并不断实现从低度制度化的运动式治理到实验式治理、项目式治理，再到高度制度化的常规化治理的转变（见表1-2）。考察这一历程，我们大致可以认为，在20世纪八九十年代，中国农村生态环境治理以运动式治理为主；进入21世纪后，实验式治理和项目式治理相继出现并一度成为最主要的治理机制，党的十八大之后，农村垃圾治理等部分农村生态环境治理开始呈现向常规化治理发展的趋势。其中，具体公共事务的治理机制演化历程也基本呈现从运动式治理到实验式治理再到项目式治理和常规化治理的不断转变的趋势。当然，在实际的运行过程中，具体的治理机制往往是相互交叉和混合推进的。比如，在农村垃圾治理总体上实现了常规化治理之后，一些有条件的地市开始选择在农村垃圾分类处理等细分领域开展实验式治理。而在秸秆焚烧污染治理中，一些地市也长期持续地运用实验式治理机制推行新型综合处理技术、设备和模式的试点示范工作，并将成功的尝试纳入常规化治理机制。

表1-2　中国农村生态环境治理体系的阶段性发展

治理机制	具体特征
运动式治理	较低程度的制度化，往往在对特定资源环境问题缺乏解决方案而问题逐渐变得较为严重时采用，主要的方式是打破行政常规，采取大规模集中动员行政和社会力量的方式开展治理，以在短期内快速达到治理目标
实验式治理	中度偏低的制度化，往往是在仅有模糊的治理思路的情况下，中央通过试点实验或者政策文件等鼓励地方探索，或者地方自主发起探索的治理实验，它仅选取少量试点，可以采取超越现有治理框架的模式，成功的结果会形成示范并可能成为该项事务的常规化治理机制
项目式治理	中等程度的制度化，主要采取提供专项资金的方式，即所谓"项目制"，它的特点是对项目申请、资金使用、目标结果有较为流程化、规范化的规定，较为大型的项目往往还有相应的评估、监督和检查制度，资金保障相对明确但不持续（取决于项目周期），项目仍然需要实施单位去争取
常规化治理	高度的制度化，常规化的资金保障机制，治理行为完全纳入相关部门的日常行政活动，对工作的组织实施有明确的工作纪律、审计监督等规定

资料来源：笔者自制。

正式规则主导的治理机制保障了以政府投入为主的大量治理项目较为有序、规范地落地并发挥效力。比如，大量工作程序限制了基层政府和其他代理人的弹性空间，监督机制的建立健全压缩了公职人员的寻租空间，这些都是确保政府主导的治理项目有效实施所不可或缺的制度安排。

三　从治理工具看，经历了从单一简约到多元精细的转变

在农村生态环境问题爆发的早期阶段，往往要么缺乏相应的治理工具，要么只有简单的行政命令（如禁止秸秆焚烧）、劝说或者支持试点等单一化的手段。现如今，法律、标准、管理办法在各领域都得到快速完善，并逐渐形成了包括标准、奖励、补贴、惩罚、强制替代等在内的政策工具体系。在不同的地区，针对不同的事务，我们可以找到截然不同的工具组合方式。比如，农村垃圾治理以"户收集、村集中、镇转运、县处理"的常规化治理为主导，而农村秸秆焚烧污染治理则主要采取禁止焚烧加推广综合利用两种方式，种植业面源污染治理的方向是推动制定精细化的测土配方施肥政策，而养殖业面源污染治理则是通过推进规模化养殖实现面源污染的点源化，不同事务的治理工具几乎自成体系，并且沿着特定的方向分化、创新与融合。

第三节　中国农村生态环境治理体系现代化的
三大驱动因素

为什么中国能够在如此短暂的时间内，对农村生态环境领域暴露出来的诸多问题做出积极反应，并建立起较为系统完整的治理体系？综合地看，这可以归结为三种关键力量的综合作用：一是始终保持历史担当的使命型政党，这是根本的驱动力，确保了我们在现代化的历程中能够持续关注与努力解决农村资源环境领域的问题，并将生态责任转化为生态文明建设的具体行动；二是持续提升的国家能力，它为

农村生态环境治理体系的建立和现代化提供了基础能力保障；三是开放包容的学习机制，通过大量的试点实验、推广、国际合作项目等，不断引入新的、更先进的治理机制和方法，保证了制度的有效性和适应性。

一 使命型政党：农村生态环境治理体系现代化的根本驱动

中国共产党的高效领导是中国包括农村生态环境在内的各领域治理体系和治理能力现代化的关键。中国共产党是马克思主义使命型政党，以对人类社会发展规律的认知与把握为前提，以人民至上为价值宗旨，以实现自身民族、国家的解放或发展为自觉使命，[①] 同时又具有强大的领导力、组织力、动员力，[②] 这保证了中国共产党能在最广大人民群众的支持下，强有力地推动现代化进程，也能够始终谋求发展和生态环境之间的平衡。

中国共产党自成立以来就高度重视生态环境保护，重点在苏区、边区开展了植树造林、兴修水利、改良耕地等农业自然环境保护工作。新中国成立后，中国共产党开始领导人民在全国范围内加强自然资源和生态保护。1955年，毛泽东同志向全国人民发出"绿化祖国"的号召。[③] 1973年召开的第一次全国环境保护会议上通过的《关于保护和改善环境的若干规定（试行草案）》，确定了"全面规划，合理布局，综合利用，化害为利，依靠群众，大家动手，保护环境，造福人民"的环保工作方针，将环境与人民幸福紧密地联系在一起。这个时期，党逐渐开启了农村环境保护（其中包括农业环境保护）的探索，主要包括植树造林、保护森林、兴修水利、灌溉污水防治和环境监测等相关工作。[④] 邓

---

① 李海青：《中国共产党：马克思主义的使命型政党》，《江西社会科学》2018年第2期。
② 郭跃文、丁晋清等：《使命型政党塑造的有效国家：现代化建设奇迹与中国共产党领导下的国家治理》，社会科学文献出版社，2021。
③ 张永红：《从环境治理到生态文明建设：中国共产党生态理念的百年回望与经验启示》，《湖南工业大学学报》（社会科学版）2021年第3期。
④ 邵光学：《中国共产党百年农村生态文明建设回溯考察与历史经验——学习贯彻党的十九届六中全会精神》，《农村经济》2022年第5期。

小平同志一直十分关注人与自然的关系问题。他强调社会主义发展要正确处理好眼前利益与长远利益的关系，在经济快速发展的同时，必须看到人口过剩、资源破坏和环境污染等问题，注重经济建设与人口、资源、环境相协调，从而为国民经济的长远发展打下坚实基础。[①] 改革开放后，1989 年出台的《中华人民共和国环境保护法》确立了农业环境保护政府职责，一系列关于农业环境保护的法律法规相应出台，1993 年全国人大常委会通过的《中华人民共和国农业法》也列专章对农业环境保护问题进行规定。以江泽民同志为核心的党的第三代中央领导集体将可持续发展上升为国家发展战略，提出推动整个社会走上生产发展、生活富裕、生态良好的文明发展道路，而实现社会全面进步、提高人民的生活水平和质量，是可持续发展的最终目标。党的十六大之后，以胡锦涛同志为总书记的党中央又对生态文明建设进行了新的探索，确立了以"可持续发展能力不断增强"为目标之一的全面建设小康社会的战略思想，首次提出要建设生态文明，指出"建设生态文明，实质上就是要建设以资源环境承载力为基础、以自然规律为准则、以可持续发展为目标的资源节约型、环境友好型社会"。[②] 与此同时，对农村生态环境治理问题的重视程度也持续提高。党的十六届五中全会提出了建设社会主义新农村"生产发展、生活宽裕、乡风文明、村容整洁、管理民主"的 20 字目标要求，标志着农村生态文明建设在国家战略和政策体系中的地位进一步确立。

党的十八大之后，党中央对生态文明的重视程度空前提高，提出建设生态文明是关系人民福祉、关乎民族未来的长远大计。习近平总书记指出，"现在，我国发展已经到了必须加快推进生态文明建设的阶段。生态文明建设是加快转变经济发展方式、实现绿色发展的必然要求"[③]，

---

① 柏振平、朱国芬：《中国共产党领导生态文明建设的逻辑理路》，《南京林业大学学报》（人文社会科学版）2022 年第 5 期。

② 中共中央文献研究室编《科学发展观重要论述摘编》，中央文献出版社、党建读物出版社，2008，第 45 页。

③ 新华社记者：《把"三严三实"贯穿改革全过程　努力做全面深化改革的实干家》，《人民日报》2015 年 7 月 2 日，第 1 版。

"走向生态文明新时代，建设美丽中国，是实现中华民族伟大复兴的中国梦的重要内容"①。正是从这样的历史使命感出发，从实现中华民族伟大复兴和永续发展的全局出发，党中央不仅把生态文明建设提高到中国特色社会主义事业"五位一体"总体布局的高度加以推进，而且将生态文明建设上升为中国共产党的行动纲领，充分说明了以习近平同志为核心的党中央在生态文明建设中的历史担当。党的十九大报告提出实施乡村振兴战略，并要求加强农业面源污染防治。在这个阶段，每年的中央一号文件均对农村生态环境问题进行了详细的阐述，政策出台更加密集，治理手段更加丰富、精细，农村生态环境治理加速，一大批突出的农村环境问题逐步趋于解决。

二 国家能力：农村生态环境治理体系现代化的基本保障

新中国成立之前，在国家政权现代化不足和治理能力有限的传统中国，"皇权不下县"式的简约化治理成为农村治理常态，由于缺乏足够的行政资源，行政权力无法渗透到农村社区，而是通过非官僚化的国家经纪的形式实现对乡村的控制。② 新中国成立之初，国家通过人民公社等制度的建立，开始取代传统乡绅和其他"经营"等国家经纪，直接深入乡村社会并将农民整合进国家体系。改革开放之后，通过家庭联产承包责任制和村民自治等改革，国家与农村社会之间的关系不断调整，逐渐建立了尊重村民自治、从农村汲取资源以支持工业化发展战略的模式。以党的十六届五中全会提出建设社会主义新农村和2006年取消农业税为标志，国家停止了对农村的汲取，转而成为农村的资源反哺者和供给者；随着乡村振兴战略的提出，国家对农村的支持体系更是全面升级，逐渐延伸为涵盖资源供给、资源整合、制度供给、发展机会创造等的体系。中国农村生态环境治理体系正是在这一转变下建立和不断发展

---

① 《习近平谈治国理政》，外文出版社，2014，第211页。
② 〔美〕黄宗智：《华北的小农经济与社会变迁》，中华书局，2000。

的。这种转变，根本上是由于国家能力的显著提升。其中，资源汲取和再分配能力、渗透能力与制度化能力对农村生态环境治理体系的现代化起到尤为关键的作用。

首先是资源汲取和再分配能力。农村生态文明建设是一个资源持续投入的过程，在中国完全取消农业税的情况下，如果没有强大的资源汲取和再分配能力，很难支撑规模如此庞大的农村生态环境治理体系。在中国快速工业化和城市化的过程中，财税规模的稳步增长和财税体系的规范化，极大地提升了国家的税收汲取能力，也为政府调整国家与农民、发展与保护的关系奠定了坚实的基础。"七五"期间，我国用于污染治理的投资为476亿元，占国内生产总值的比例为0.7%，无论是总量还是比例都远低于当时发达国家水平。① 而到2021年，中国的一般公共预算收入已经超过20万亿元，全国财政生态环保投入8210亿元，②其中，投入农村生态环境治理的比例也逐步提高。国家将越来越多的行政资源和资金投入农村时，也势必会按照行政体系的运行逻辑塑造农村的治理体系，也就是说，国家力量不再是村庄的外生力量或外部力量，而是乡村建设和治理的重要有机组成部分。③ 与此同时，大量资金的投入也吸引了多元主体共同参与到乡村社会公共服务供给之中，逐步促进了治理体系的建立和完善。

其次是渗透能力。传统中国行政治理资源的不足限制了国家向农村社会的延伸，改革开放之后，随着行政体系的不断健全，国家实现了向农村社会各项事务的不断延伸。以环境保护事务为例，虽然到20世纪末21世纪初，仍然有相当部分的县区没有专门的环境保护机构，农村的环境保护工作处于弱势地位，但是随着党和政府对生态环境问题重视程度的不断提高，环保机构建设步伐不断加快，农村环境保护工作的地

---

① 杨金荣：《增加环保投入》，《中国国情国力》1995年第7期。
② 《去年全国财政生态环保投入达8210亿元》，《中国环境报》2022年2月23日。
③ 王晓毅：《乡村振兴与乡村治理现代化》，《山西师大学报》（社会科学版）2022年第1期。

位得到不断提升。2018 年，按照《深化党和国家机构改革方案》，组建了生态环境部，全面履行监督指导农业面源污染治理职责，实现了对农村农业污染治理的统一监管，也进一步推动了基层环保组织建设水平和能力的提升。

最后是制度化能力。在改革开放历程中，快速的工业化和城市化驱动中国社会和行政体系在各方面都出现快速的理性化转变。哥伦比亚大学当代中国研究专家黎安友提出，中国政治体制的韧性来自其制度化能力，而这种制度化能力突出表现在四个方面：一是国家政治权力交接越来越规范化；二是官员晋升时更多地考核其绩效；三是政府机构在职能上实现专业分工；四是建立了制度化的政治参与渠道，巩固了中国共产党在大众中的合法性。[①] 制度化能力将技术化、程序化治理带入农村并逐渐实现了农村生态环境治理体系的现代化，推动治理对象包括农村生态文明事务在内的治理模式实现了向技术化的转变。制度化的推进也提升了农村自主治理能力。2014 年和 2015 年相继出台的《关于推进环境保护公众参与的指导意见》《环境保护公众参与办法》，进一步完善了村民参与机制。村委会等自治组织自治权力的行使更为规范化之后，对接现代治理项目和现代市场主体的能力也显著增强，在包括生态环境保护在内的工作中的积极作用也得以更为充分地发挥。2019 年印发的《关于加强和改进乡村治理的指导意见》全面推动了自治、法治、德治相结合的乡村治理体系建设，乡村治理体系和治理能力现代化水平稳定提高。

三 开放包容的学习机制：农村生态环境治理体系现代化的演进动力

虽然中国的农村生态环境治理体系呈现很强的政府主导特征，但是

---

① 转引自俞秋阳《当代中国治理体系的韧性研究》，博士学位论文，华中师范大学，2017，第 2 页。

它并没有因此产生自上而下制度供给所导致的"一刀切""均一化"等问题，实际运行中的制度往往具有很强的区域差异性和适应性，这是由于中国独特的开放包容的学习机制使得新的有效的治理结构、治理机制、治理工具能够不断被发现、保留并常规化。

（一）将问题导向作为制度学习的出发点

中国农村生态环境治理机制的建立，遵循的是"一切从实际出发"的原则，即以实际问题为治理制度的出发点，该模式的优势是能够体现"民有所呼、我有所应"，能够实事求是地为具体问题寻找现实的解决方案，从而避免了基于理想主义的制度设计所带来的问题。过去几十年的经验表明，在治理改革领域，发展中国家往往容易成为理想化改革思潮的受害者。进入 21 世纪之后，自由化改革思潮、新公共治理运动等席卷全球。受其影响，许多国家纷纷简政放权，但是，改革的结果是显著降低了国家的财政能力和行政能力，也由此降低了国家应对环境问题的能力。①

（二）包容和支持多样化的制度实验

在过去几十年间，中国的农村生态环境治理领域就像一个"试验场"，来自不同部门、不同级别政府的试点示范项目、国际合作项目，市场主体和村民对治理机制的自发探索活动等不断铺开。在许多情况下，中央政府要么仅提供一些具有引导作用的方向性规定以包容多样化的制度实验，要么直接发起或者支持试点示范项目。同时，不少国际机构支持的试点项目则被"嫁接"到中国的行政体系之上相对独立运转，为中国农村生态环境治理提供新鲜经验。比如世界银行在广东省和湖南省开展的农业面源污染治理项目和农田污染综合管理项目，基本上采取了世界银行设定的全套管理体系，不仅直接推动了农业面源污染治理体系的优化，也为中央和地方优化相关制度提供了直接的学习样板。

---

① A. Agrawal, M. C. Lemos, "A Greener Revolution in the Making?—Environmental Governance in the 21st Century," *Environment: Science and Policy for Sustainable Development* 49 (2007): 36-45.

（三）善于总结和利用多样化的经验

各种试点实验成功的制度能够得到上一级政府或部门乃至中央政府的肯定，一部分具有可复制性的做法经验被推广成为全国性的制度或者模式，比如，2003年，习近平同志在浙江省主政时提出实施"千村示范、万村整治"工程，美丽乡村建设2010年在浙江省域全面铺开。2013年之后，财政部采取"一事一议"财政奖补方式在全国推动美丽乡村建设试点，其逐渐成为全国农村建设的重要内容。又如，农村垃圾处理体系中，"一县一场（终端）"在其优势被试点地区发现之后，迅速向全国推广；而那些高度本地化的成功项目，虽然不一定具有推广的价值，但往往也能因其有效性而得到保留。[1] 这种对多样化制度的包容性使得农村生态文明制度体系在整体上保持稳定性的同时，也不乏创新试错的内在动力和活力。

第四节　结论与启示

本章尝试性提出治理体系现代化三种因素驱动下三个维度共同演化的分析框架，对中国改革开放40多年来农村生态环境治理体系的演化历程和驱动因素做了考察分析。研究表明，虽然农村生态环境问题是一个具体的领域，但农村生态环境治理体系的建立和发展，则是宏观制度作用下的结果，是在使命型政党的驱动、国家能力的支持保障和开放包容的学习机制的共同作用下，治理结构、治理机制和治理工具协同演化的历程。研究也发现，中国农村生态环境治理体系的建设，是在社会自治能力相对较弱的情况下，政府不断强化治理责任并向农村注入大量资源的结果。这种政府主导、自上而下的治理体系弥补了中国农村内生治

---

[1] 笔者在广东省开展农村调研时期，发现了大量难以复制的本地化制度样本，比如清远市某县探索在垃圾焚烧之前设置一个企业化运作的集中式分类环节；惠州某镇创造性地将农膜处理与生活垃圾收集体系进行整合；河源市某镇采取更换农村生活垃圾收集车的方式实现转运。这些均非常规化的做法，却契合本地条件。

理能力不足的现实短板，但也给中国农村生态环境治理体系进一步成熟和完善带来了挑战，包括行政成本高昂、缺乏有效制衡、治理"悬浮化"等。

本章的政策启示也显而易见，即要加速推动自治、法治和德治相结合的农村生态环境治理体系建设，加速实现"农村生态环境得到明显改善""建设美丽中国"目标，需多方着力。一是坚持国家能力建设。确保政府具有履行治理责任的能力，同时不断提升制度化能力。二是提升村民的自治能力。大力推进组织振兴，加强以党组织建设为引领的乡村组织建设，鼓励和支持各类自治组织、自治形式的发展，逐渐提升村民参与治理和形成治理秩序的"内生能力"。三是推动形成多样化的有效治理机制。积极鼓励基层治理和自组织治理创新，支持因地因事制宜、自主探索组成多样化的自治单元，鼓励多种形式自组织治理制度的生成，对差异化事务和地方化因素秉持更大的包容性。

第二章 中国农村生态环境治理政策发展的基本脉络

  1949年以来，中国持续探索农村生态环境治理政策体系建设，出台了一系列规划、政策和法律法规。党的二十大报告提出，要推进人与自然和谐共生的中国式现代化，这为农村生态环境治理提供了根本遵循。为了把握农村生态环境治理政策的演化逻辑，本章运用文本分析方法中的内容分析法（content analysis），梳理了1949年以来我国政府部门出台的关于农村生态环境治理的136份政策文件并进行分析。结果表明，中国的农村生态环境治理政策经历了一个不断探索发展的过程，理念、手段也不断走向现代化。未来，我国农村生态环境治理政策体系将不断改进和完善，推动农村生态环境治理逐步进入制度化、法治化轨道。

第一节　关于农村生态环境治理政策的讨论

  长期以来，农村生态环境治理都是政界、学术界关注的热点焦点，在中国亦然，不仅因为中国农业人口众多，而且因为生态振兴是实现乡村振兴的重要保障，也是乡村"五大振兴"之一。本章通过综合梳理已有文献发现，国内外学者关于农村生态环境治理的研究主要集中于政策问题与对策、政策回顾等方面。

一　农村生态环境治理政策问题与对策

随着工业化的发展，国外学者开始关注农村环境问题。Grossman 与 Krueger 提出了环境库兹涅茨曲线，即经济增长和环境质量呈现倒 U 形的关系，经济的发展、农民生活水平的提高导致生态环境的恶化。[①] 而在经济增长和环境保护的选择上，地方政府（包括农村地区政府）往往只注重经济发展，而忽视中央政府制定的环境治理目标，[②] 还会运用自身的权力使环保法的执行符合地方利益需求。[③]

在中国，农村经济在改革开放以后不断发展，随之产生的环境问题也得到各方的重视。伴随农业与农村生活的改变而来的是农药、化肥、农膜的滥用和生活日用品的随意丢弃，以及乡镇企业和城市企业转移到农村带来的污染。[④] 2018 年，农村地区人均生活垃圾日产量为 0.7 ~ 1.1 千克，农村生活垃圾已成为农村环境污染的主要来源。[⑤] 农村乡镇企业发展、人口居住地集中等因素在一定程度上影响了农村环境保护发展。[⑥] 而农村生活垃圾的处理方式主要还是随意堆放、露天焚烧和简易沤肥。[⑦] 一方面，由于地方政府财力有限，农村环境治理存在"碎片化"现象，治理主体缺失、治理资金投入不足等问题导致农村地区的生活垃圾处理

---

① G. M. Grossman, A. B. Krueger, "Economic Growth and the Environment," *The Quarterly Journal of Economics* 110(1995):353 – 377.

② Elizabeth C. Economy, "The Great Leap Backward? The Costs of China's Environmental Crisis," *Foreign Affairs* 86(2007):38 – 59.

③ B. Van Rooij, *Regulating Land and Pollution in China: Law Making, Compliance, and Enforcement: Theory and Cases*(Amsterdam University Press, 2006).

④ 李楯：《深度思考：农村环境恶化与全面水危机》，载杨东平主编《中国环境发展报告（2012）》，社会科学文献出版社，2012，第 12 ~ 13 页。

⑤ 李丹、陈冠益、马文超等：《中国村镇生活垃圾特性及处理现状》，《中国环境科学》2018 年第 11 期；唐丽霞、左停：《中国农村污染状况调查与分析——来自全国 141 个村的数据》，《中国农村观察》2008 年第 1 期。

⑥ 黄季焜、刘莹：《农村环境污染情况及影响因素分析——来自全国百村的实证分析》，《管理学报》2010 年第 11 期。

⑦ 岳波、张志彬、孙英杰等：《我国农村生活垃圾的产生特征研究》，《环境科学与技术》2014 年第 6 期。

设备覆盖率偏低，这让农村生态环境面临不少困境；① 另一方面，由于农村环境治理见效慢、成本大，政府相关部门更愿意治理城市环境，而不重视农村环境治理。对此，有学者分别从法律制度层面、财政投入层面、设施维护层面、环境意识层面等提出了相应的对策建议。②

二 农村生态环境治理政策回顾

对农村生态环境治理政策的总结与回顾，国外学者较少涉及，所以这部分综述主要是针对国内学者的研究的，国内学者的研究大多数聚焦于政策发布时间、突出的环境问题等方面。曲格平较早对中国环境保护发展历程进行了研究，并结合环境保护重要历史事件，将新中国成立初期至20世纪80年代末的环境政策发展历程划分为孕育、创建、开拓三个时期。③ 韩冬梅等通过分析中国改革开放40年来政策的变化，将农村环境政策的发展划分为酝酿阶段、起步阶段、加速阶段和全面提升阶段四个阶段。④ 杜焱强则以新中国成立后的70年为时间范围，以历史演变、转换逻辑和未来走向为切入点，将中国农村环境治理政策的发展分为政策空白、制度初创、领域开拓、全面加速和总体深化五个不同阶段。⑤ 也有研究通过梳理中国历年发布的中央一号文件，将中国农村生态环境治理政策的发展划分为不同阶段，体现出中国农村环境治理在统筹农村发展和生态保护方面不断探索的发展过程。⑥ 还有学者从社会变迁的角度研究环境治理，提出中国的环境治理经历了运动式

---

① 李建琴：《农村环境治理中的体制创新——以浙江省长兴县为例》，《中国农村经济》2006年第9期。
② 周林洁：《城乡统筹视角下的农村环境基础设施建设》，《城市发展研究》2009年第7期。
③ 曲格平：《中国环境保护事业发展历程提要》，《环境保护》1988年第3期。
④ 韩冬梅、刘静、金书秦：《中国农业农村环境保护政策四十年回顾与展望》，《环境与可持续发展》2019年第2期。
⑤ 杜焱强：《农村环境治理70年：历史演变、转换逻辑与未来走向》，《中国农业大学学报》（社会科学版）2019年第5期。
⑥ 陈向科、邝小军、曾文：《改革开放40年我国农村生态环境相关政策演进述评——基于19个中央一号文件的文本解读》，《长沙大学学报》2017年第6期；许振江：《从中央一号文件看农村生态环境变迁（1978—2013）》，《中共四川省委党校学报》2014年第1期。

治理、运动发展的治理倒退、应激开拓式治理、背离式治理和公众参与治理五个阶段,① 而关于农村环境政策变迁的成因,有研究认为农村环境政策的变迁受中央政府政策改变、热点事件推动和公民参与环保行动等因素的影响。②

三 对已有研究的述评

综上可以发现,已有研究主要集中于农村生态环境治理政策的机理、模式、对策等方面,并对农村生态环境治理政策发展进行了阶段划分。但从政策发展演变和制度变迁的角度来看,已有研究对中国农村生态环境治理政策的回顾缺乏全局性、宏观性视野,也很少从推进农村生态环境治理体系现代化的角度切入,并未很好地阐释农村生态环境治理政策出台的背景及背后蕴含的制度演变逻辑。对于在整个农村生态环境治理过程中,其政策体系是否不断健全、治理能力是否得到提升等问题,已有研究尚未给出明确的答案。

站在"两个一百年"奋斗目标的历史交汇点上,在全面推进乡村振兴的过程中,如何补齐农村生态环境短板?如何进一步提升农村生态环境治理能力和水平?如何构建农村生态环境治理现代化体系,从而为实现农业农村现代化提供重要支撑?这些都是需要我们回答的"历史之问"。

因此,本章拟基于"变迁历史 – 政策逻辑 – 未来发展"的三维分析框架,从环境治理现代化的角度,剖析农村生态环境治理政策演变的逻辑及未来变化趋势,为更准确地理解、把握农村生态环境治理提供宏观性、战略性、多维性视角,也为全面实现乡村振兴提供生态环境治理的理论参考。

---

① 董海军、郭岩升:《中国社会变迁背景下的环境治理流变》,《学习与探索》2017 年第7 期。

② 高新宇、吴尔:《间断—均衡理论与农村环境治理政策演进逻辑——基于政策文本的分析》,《南京工业大学学报》(社会科学版) 2020 年第 3 期。

第二节 基于政策文本的内容分析法

一 研究思路

为了深入剖析中国农村生态环境治理政策体系结构和变迁历程，本章拟通过对国家和地方政府部门的官方网站以及政策文本数据库中的资料进行收集整理，汇总新中国成立以来中国所颁布的有关农村生态环境治理的重要政策文件，运用内容分析法对收集到的政策文本分别从整体和局部的视角进行分析，内容分析法是在定性研究中对政策文本进行量化分析的主流社会科学方法。在整体视角下，本章从政策发文主体、发文数量、发文时间和文本类型四个维度进行分析；在局部视角下，主要对政策主题、政策工具等方面进行关联性分析。通过整体和局部的分析，本章总结了当前农村生态环境治理政策的特征与趋势，进而发现过往相关政策的优势和不足，为完善农村生态环境治理政策体系提供参考借鉴。

二 研究数据选择和来源

本章所选择的政策文本主要来自我国政府部门颁布的有关农村生态环境治理的纲要、规划、法律、意见、方案、条例和通知等，这些政策文本大部分来自"北大法律信息网"，其余部分来自相关部门网站。本章进行政策文本搜索的关键词包括农业农村、生态文明、农村环境保护、农村环境治理、人居环境、生活垃圾、绿色生态、环境污染、畜禽污染、农村污水、多元主体、美丽乡村等，基本涵盖了中国农村生态环境治理所涉及的重要方面。本章确定政策文本时间跨度为从新中国成立（1949 年）至 2022 年，共收集了 136 份权威政府部门发布的政策文本。由于农村生态环境涉及农业农村和生态环境两个重要领域，本章收集的政策文本既包括农业农村政策中关于生态环境治理的内容，也包括生态环境治理政策中涉及农业农村的部分，力求使收集的文本覆盖面更广、针对性更强。

三　研究数据选择原则

为确保政策文本分析及相关结论具有说服力，本章在遴选政策文本时遵循了以下四个原则：权威性、公开性、有效性和相关性。权威性指政策文本由国家或地方政府权威主体发布，即发布主体权威；公开性则保证了政策文本的可获得性，即获得渠道公开；有效性即政策文本必须是现行有效的，失效的剔除在外；相关性是指政策文本与研究内容高度吻合，集中于农业农村生态环境保护和治理领域。

第三节　农村生态环境治理政策演进的文本分析

农村生态环境治理是动态演变的，新中国成立以来，中国农村生态环境治理经历了初始期、探索期、提升期和深化期等四个阶段。每个阶段所出现的环境问题及政策特点都是不同的，本部分内容将从整体的视角剖析每个阶段所体现的政策演变规律。

总体而言，新中国成立以来，中国农村环境污染从来源看主要包括两部分：一是从城市和工业企业转移而来的污染，二是农业、农民在生产生活过程中产生的污染。因此，从中共中央、国务院到具体的经济、环境、农业等职能部门都出台了一系列关于农村生态环境治理的政策法规和文件，表 2-1 从时间阶段、政策背景、治理措施、治理主体、治理模式、治理理念等方面对所收集的政策文件进行了全景式的回顾。

一　农村生态环境治理政策初步形成阶段（1949~1972 年）

在这一阶段，新中国经历了从成立初期的百废待兴到全面恢复工业建设的发展过程，而随着经济建设的全面展开，环境问题开始显现。新

表 2-1 农村生态环境治理政策主要元素梳理

时间阶段	政策背景	主要政策文件	治理措施	治理主体	治理模式	治理理念
农村生态环境治理政策初步形成阶段（1949～1972年）	第一个五年计划完成，国民经济恢复发展，城乡生态环境遭到严重破坏	1955年，《征询对农业十七条的意见》。1957年，《中华人民共和国水土保持暂行条例》。1963年，《森林保护条例》。1965年，《矿产资源保护试行条例》	绿化祖国，植树造林，开展废弃物资的综合利用，爱国卫生运动	1971年，针对工业污染问题，在国家层面成立"三废"利用领导小组。单一治理主体	以行政和权威集中控制为主，注重末端治理	传统的"先污染，后治理"
农村生态环境治理政策持续探索阶段（1973～1999年）	党的十一届三中全会后，以经济建设为工作重心。改革开放初期乡镇企业蓬勃发展，乡镇工业污染问题显现。随着城市化推进，污染逐渐向农村转移。加上农药、化肥的污染，农村环境进一步恶化	1973年，《关于保护和改善环境的若干规定（试行草案）》。1979年，《中共中央关于加快农业发展若干问题的决定》。1984年，《国务院关于环境管理的规定》。1986年，《中国自然保护纲要》。1989年，《中华人民共和国环境保护法》。1992年，《中国环境与发展十大对策》。1993年，《中华人民共和国农业法》。1998年，《中共中央关于农业和农村工作若干重大问题的决定》。1999年，《国家环境保护局关于加强农村生态环境保护工作的若干意见》	开展"三废"综合利用，停止666、DDT等有机氯农药生产，对新建企业实行"三同时"规定，禁止大中城市污染严重的企业向小型农村、大中型企业转嫁污染。开始重视农村生态环境保护，推动农村畜禽养殖污水、厕所等环境整治	1974年，国家和省市环境保护机构先后成立。1982年，城乡建设环境保护部成立。1988年，国家环境保护局成立。1998年，国家环保总局成立。通过市场机制引入其他主体，参与治理的深度、广度不足	末端与源头治理，重点和全面治理相结合，引入市场激励型政策工具，形成以政府为主导下的环境治理体系	经济发展与环境保护相协同，在发展的同时注重保护环境，强调可持续发展

续表

时间阶段	政策背景	主要政策文件	治理措施	治理主体	治理模式	治理理念
农村生态治理政策稳步提升阶段（2000～2012年）	进入21世纪，农村畜禽养殖、农药化肥、秸秆垃圾等问题日益严重，生活环境也不断恶化，农村资源环境承载力接近极限	2004年，《中华人民共和国固体废物污染环境防治法》修订。2006年，《中共中央国务院关于推进社会主义新农村建设的若干意见》。2007年，《关于加强农村环境保护工作的意见》。2009年，《关于实行"以奖促治"加快解决突出的农村环境问题的实施方案》	重点开展农村土地资源保护、农村水污染整治、农村河道综合整治、畜禽养殖废弃物处理和资源化、农村厕所改造等工作，进行社会主义新农村建设	2008年，环境保护部成立。社会组织等第三方治理主体开始介入	由单一要素治理向综合治理转变，更加注重市场激励型工具的运用，开始重视法制型手段治理	提出了科学发展观，注重资源节约与环境友好相互促进
农村生态治理政策深化发展阶段（2013年至今）	党的十八大以后，农业农村进入绿色发展转型的新阶段，农民对美好生活环境的需求日益迫切，但是农业生活生产环境仍然落后，生态环境问题仍是突出短板	2013年，《农业部办公厅关于开展"美丽乡村"创建活动的意见》。2014年，《中华人民共和国环境保护法》修订。2015年，《农业部关于打好农业面源污染防治攻坚战的实施意见》。2017年，《关于创新体制机制推进农业绿色发展的意见》《乡村振兴战略规划（2018—2022年）》《农村人居环境整治三年行动方案》	开展农业面源污染治理、人居环境整治，农村"厕所革命"，生活污水治理等活动，推动农村农业绿色低碳转型，促进"三产"融合	2018年，生态环境部成立。引入市场、社会、农民等多元主体，建立多方机制，推动环境治理协同治理的格局日益完善	注重细分农业农村各领域、综合经济、运用行政、法律和技术等手段进行源头治理和全过程综合治理	生态文明建设成为"五位一体"总体布局，绿色发展理念成为农业农村发展的基本原则

资料来源：笔者根据收集文件整理。

中国成立初期，中国选择了优先发展重工业的方向，并以"高污染、高能耗、高排放"的产业为主，这对刚成立的新中国来说是符合当时国情的，由于国家对工业进行了合理布局，并采取了一定的污染防治措施，当时的工业对环境并未造成严重污染和危害。到第一个五年计划完成时，我国的生态环境还得到初步的改善。

在逐渐恢复国民经济的过程中，党和国家开始有意识地保护生态环境，通过兴修水利、植树造林、鼓励废物利用、开展爱国卫生运动等措施，经济建设和环境保护能够协调进行。1949 年颁布的《中国人民政治协商会议共同纲领》要求"保护森林，并有计划地发展林业"。1955 年，毛泽东在《征询对农业十七条的意见》中提出："在十二年内，基本上消灭荒地荒山，在一切宅旁、村旁、路旁、水旁，以及荒地上荒山上，即在一切可能的地方，均要按规格种起树来，实行绿化。"① 1956 年，《一九五六年到一九六七年全国农业发展纲要（草案）》发布，该纲要草案描绘了中国农村发展的美好愿景，体现了广大农民建设美丽家园的强烈愿望。

1958 年，小煤窑、小电厂等污染性的"五小"企业遍地开花；工业企业数量由 1957 年的 17 万个增加至 1959 年的 31 万个。各地小企业不顾环境保护要求，"三废"污染物随意排放，对森林资源滥采滥伐，对生态环境造成了严重破坏。为了解决问题，党中央及时提出了"调整、巩固、充实、提高"的方针，对经济进行调整。此后，国家先后出台了《森林保护条例》《矿产资源保护试行条例》，对自然资源进行保护。1965 年，国民经济调整任务基本完成，通过对工业进行"关、停、并、转"，工业企业数量下降了许多，工业布局得到重新优化，生态环境压力也有所减轻。但是，1966 年，生态环境污染和破坏进一步加剧。毁林毁牧、围湖造田现象层出不穷，使生态环境陷入恶性循环。1972 年，中国发生了大连湾污染和北京官厅水库鱼中毒

---

① 《毛泽东文集》第六卷，人民出版社，1999，第 509 页。

事件，敲响了环境污染的第一声警钟。同年，中国首次派出代表团参加在瑞典斯德哥尔摩举行的联合国人类环境会议，说明了党和国家领导人已经认识到环境保护的国际意义和紧迫性，并将环境问题重新提到国家议事日程上来。

归纳这一时期中国农村生态环境治理的特征，治理理念主要是在计划经济体制下以政府为主导的"先污染、后治理"理念，治理手段以行政命令控制为主。治理政策只强调城市和工业污染的治理，而且以牺牲农村生态环境为代价来满足城市工业的发展需要，对农村生态环境保护缺乏足够重视。

二　农村生态环境治理政策持续探索阶段（1973～1999 年）

在这一阶段，出现了中国农村生态环境治理政策的持续探索，相关的职能管理机构和政策体系逐步建立。随着城乡经济的快速发展，环境问题也变得日益严峻。

1973 年召开的第一次全国环境保护会议，拉开了全国环境保护的大幕。第一次全国环境保护会议通过了"全面规划，合理布局，综合利用，化害为利，依靠群众，大家动手，保护环境，造福人民"[①] 的 32字方针，这也是长期以来中国生态环境治理所坚持的理念和基本原则。以 1974 年国务院环境保护领导小组成立为开端，地方政府的环境保护机构也逐渐建立起来，以政府为主导的环境治理开始出现。1978 年，党中央首次对环境保护作出"绝不能走先污染、后治理的弯路"的重要指示，明确了经济建设和生态环境之间的关系。

党的十一届三中全会以后，国家将工作重心转移到经济建设上来。随着家庭联产承包责任制的推行，广大农民为了追求粮食高产增收、保证自给自足，在农业机械化水平较低的当时，选择了不可持续发展的农业生产模式，过度依赖农药化肥，虽然产量上来了，但农产品的质量却

---

① 1979 年写入《中华人民共和国环境保护法（试行）》。

下降了，这也直接导致了农村生态环境的污染和破坏。1979 年，为了促进农业的可持续发展，《关于加快农业发展若干重大问题的决定》首次提出，要对化肥、农药的污染进行有效的防治。

20 世纪 80 年代，我国出现了城市工业向农村转移和乡镇企业异军突起的浪潮，随之而来的是农村污染的加剧。城市中一些污染较大的企业以"上山下乡"的方式进入农村地区，客观上也在一定程度上造成农村生态环境的破坏。此外，为了搞活农村市场经济，数量众多的乡镇企业在短时间内兴起，这些作坊式的企业接收的大多是城市淘汰的设备，工艺陈旧、技术落后，且很少配备污染防治设施，加之乡镇集体片面追求经济效益，对环境保护不够重视，破坏了了农村生态环境和生物多样性。1982～1986 年，中共中央（1984～1986 年为中共中央、国务院）连续出台了关于农业农村的五个中央一号文件，但文件主要是围绕农村土地经营制度的改革提出措施的，对农村生态环境的重视度远远不够。面对曾经的一片片净土变为"黑土"的局面，国家及时出台了一系列文件，明令禁止污染转移。1983 年，第二次全国环境保护会议召开，制定了著名的"三同步"方针，即"同步规划、同步实施、同步发展"。针对城市向农村进行污染转移的问题，1984 年出台的《国务院关于加强乡镇、街道企业环境管理的规定》发出明确的禁令。1986 年的《中华人民共和国国民经济和社会发展第七个五年计划》，也明确提出了各地兴办乡镇企业应注意防止对环境的污染。"七五"期间，中国出台了《中华人民共和国环境保护法》，这部法律是我国农村生态环境治理进入法治化轨道的开端。

20 世纪 90 年代，农村污染问题进入集中爆发期，城市工业"三废"、乡镇企业污染、农业自身污染成为主要的三大污染源。[①] 其中，畜禽粪便随意排放、农药化肥地膜滥用、农村生活垃圾污染等问题逐渐

---

① 金书秦、韩冬梅：《我国农村环境保护四十年：问题演进、政策应对及机构变迁》，《南京工业大学学报》（社会科学版）2015 年第 2 期。

加剧，《1990 年中国环境状况公报》提出农药、化肥、农用地膜已影响农业生态环境质量。据估算，到 20 世纪 90 年代末期，中国畜禽粪便产生量相当于工业固体废物产生量的 2 ~ 3 倍。据《1991 年中国环境状况公报》统计，1991 年，乡镇工业"三同时"①执行率仅为 22%，说明乡镇企业对环境保护仍然不够重视。

但从国家层面看，农村生态环境治理已逐渐被提上议事日程。首先是加强法规引导。1993 年，《中华人民共和国农业法》颁布，提出"发展农业必须合理利用资源，保护和改善生态环境"②。其次是控制农药化肥使用。1990 年，《国务院关于进一步加强环境保护工作的决定》出台，该决定提出"控制农药、化肥、农膜对环境的污染"。1991 年、1993 年颁布的《中华人民共和国水土保持法》《中华人民共和国农业法》先后对农药、化肥、地膜的滥用问题做出法律约束。再次是加强乡镇企业环境管理。1996 年《中华人民共和国乡镇企业法》颁布，对乡镇企业加大环境保护力度、创新发展模式提出了具体的要求。最后是村容村貌整治。1993 年，《村庄和集镇规划建设管理条例》第一次对农村生活环境提出了治理要求，这也是从局部治理向全面治理的一个转变。

这一时期农村生态环境治理的特点体现在其主要是在法律权威的统领下对农业农村具体领域的治理，《中华人民共和国环境保护法》和《中华人民共和国农业法》为农村生态环境治理的规划计划、通知意见、标准规范等政策文件提供了根本保障，但在农村生态环境不断恶化的情况下，具有针对性、适用性的政策文件仍然较少，大多是概念性、口号化的倡议。在治理理念上，注重在推进经济建设的同时加强环境保护，污染防治从单一的城市治理向城乡协同治理转变，但对农村生态环境的整体协同治理仍然缺乏。

---

① "三同时"指同时设计、同时施工、同时投产。
② 出自 1993 年《中华人民共和国农业法》第 54 条。

三 农村生态环境治理政策稳步提升阶段（2000～2012 年）

21 世纪，农业农村污染已成为主要的污染源之一。农药化肥、秸秆废弃物、养殖粪便、生活固体垃圾等对农村生态环境的污染日益加重，农村的环境问题主要表现出"点源污染与面源污染共存，生活污染和工业污染叠加"[①] 等特点。《第一次全国污染源普查公报》数据显示，农业源在化学需氧量、总氮、总磷排放量中所占的比例分别达到43.7%、57.1%和67.3%。氮、磷的超量排放，造成水体富营养化，对水环境的影响严重。由于农用地膜能提高干旱地区农作物的产量和种植效益，以及农业大棚的广泛应用，白色污染问题从北到南不断加剧。根据国家统计局数据，截至 2011 年底，中国农用地膜用量达到 125.5 万吨，覆盖面积达 3 亿多亩，地膜用量和覆盖面积已居世界首位，由于地膜的回收率较低，在土地残留后容易造成土壤次生盐碱化，严重影响土壤环境。

农业面源污染的日益严重引起了中共中央和国务院的高度重视。从党的十七大提出"生态文明"到党的十八大提出"美丽中国"，中国农村生态环境的治理理念在不断深化。2004～2012 年九年间，中共中央、国务院连续出台中央一号文件，对农村生态环境治理问题做出了部署，各个国家职能部门也在中央一号文件的指导下，出台了具体的农村污染防治措施，体现了由单一部门治理向多部门协同治理发展的趋势，在治理内容上，也体现了系统治理、全面治理的思路。

在农村生活环境综合整治方面，2006 年，《关于加强农村爱国卫生工作推进社会主义新农村建设的指导意见》提出采取政府号召、基层组织、农民参与的方式，开展农村环境卫生综合整治行动，探索和建立农村居民自我管理的村庄保洁机制。2010 年，《2010—2012 年全国城乡环

---

① 《关于加强农村环境保护工作的意见》，中华人民共和国生态环境部网站，2007 年 5 月 21 日，https://www.mee.gov.cn/gkml/zj/wj/200910/t20091022_172461.htm。

境卫生整洁行动方案》发布，该方案要求加强乡镇和农村环境卫生基础设施建设，开展村庄整治，实施农村清洁工程。

在农业面源污染防治方面，2002 年，《全国生态环境保护"十五"计划》提出：鼓励开发和推广高效、低毒和低残留化学农药；推进畜禽养殖污染减排，强化分区分类管理和源头控制，开展畜禽养殖污染防治技术示范和推广工作。2006 年，《乡镇企业"十一五"发展规划》要求对乡镇企业"新建项目要严格执行环境影响评价和'三同时'制度"，"鼓励乡镇企业聚集发展，实现资源和能源的集约利用、环境污染的集中治理"。

在农村生态自然资源保护方面，2000 年的《全国生态环境保护纲要》、2002 年的《全国生态环境保护"十五"计划》、2006 年的《全国生态保护"十一五"规划》都提出要加强农村生态环境保护、生物多样性保护、生态恢复和水土保持等重点生态环境保护领域的技术开发和推广工作。由此可见，国家对农村自然资源保护已开始逐渐重视。

在构建农村多元共治体系方面，2002 年，《全国生态环境保护"十五"计划》提出，"鼓励公众和非政府组织参与，充分调动广大群众保护生态环境的积极性"。同年，《关于加强全国环境保护科普工作的若干意见》明确提出要"加强农村的环境科普工作，广泛深入地开展农村环境科普活动，向广大农民普及农业环保科技知识，提高广大农民的环境意识"。

这一阶段的农村生态环境治理的特点主要表现为：治理理念符合可持续发展和科学发展观，以构建资源节约型、环境友好型农业为治理目标，治理政策更加有具体性、针对性和可操作性，实现了从解决单一领域的污染问题向促进农村社会、经济、环境协调发展的转变，不仅指明了污染防治的发展方向，通过"以奖促治、以奖代补"方式保证了资金的落实到位，而且使农民的环境保护和参与意识较以前有所增强。

四　农村生态环境治理政策深化发展阶段（2013 年至今）

党的十八大以后，随着国力的日益强盛，人民日益增长的美好生活需要和不平衡不充分的发展之间的矛盾成为社会的主要矛盾，生态环境成为农村绿色发展的突出短板，治理农业面源污染已成为全社会的共同呼声。农业畜禽养殖污染、农村人居环境脏乱差、农村饮用水污染、农村生活垃圾污染等一系列阻碍美丽乡村建设的问题在很多地区普遍存在。针对农业农村生态环境治理的"痛点""难点"问题，党和国家坚持铁腕治污，以为人民提供更多优质生态产品为目标，通过创新治理理念和丰富治理手段，不断推进农村生态环境治理能力和治理体系现代化。

首先，以顶层设计推进治理理念现代化。党的十八大将生态文明建设纳入中国特色社会主义事业总体布局，随后其被写入了宪法和党章，生态环境治理得到更高级别的重视。随着2015年《中共中央 国务院关于加快推进生态文明建设的意见》《生态文明体制改革总体方案》的颁布，2013~2016年《大气污染防治行动计划》《水污染防治行动计划》《土壤污染防治行动计划》等具体治污举措的相继出台，以及2016年《生态文明建设目标评价考核办法》的实施，生态文明建设制度体系的"四梁八柱"日益完善，为农村生态环境治理提供了法律和制度保证。与此同时，中国政府也从管理型向服务型转变，进一步挖掘制度活力，让企业和公众参与到生态环境治理中来，构成政府、市场、社会协同治理的格局。

其次，以政策"组合拳"推进治理体系现代化。2013~2021年中共中央、国务院连续9年出台关于农业农村发展的中央一号文件，对深化农村改革、加快农业现代化做出全面规划设计，并强化了农业生态环境治理，政策内容不断完善，治理手段不断丰富，重视程度不断提高。2013年，中央一号文件提出"美丽乡村"的建设目标，对农村人居环境、农业面源污染等方面做了全面治理部署。在农村生活环境方面，2014年、2018年分别出台了《关于改善农村人居环境的指导意见》《农村人居环境整治三年行动方案》，加快推进农村居民居住环境整治和提升。在农业养殖方面，2013年，第一部国家层面的行政法规《畜禽规模养殖污染防治条例》出台。2016 年，《环境保护部 农业部关于进一步加强畜禽养殖污染防治工作的通知》又作出更严格要求，提出要加强畜禽养殖污染防治规划引导，严格落实环保"三同时"制度，推进废弃物综合利用和加强环保执法监管。2018 年，《生态环境部 农业农村部关于印发农业农村污染治理攻坚战行动计划的通知》公布，该通知提出到 2020 年实现"一保两治三减四提升"的总目标，对农村饮用水保护、农业化肥使用量、农村生活垃圾和污水治理都作出明确规定。同年，中共中央、国务院出台了《关于实施乡村振兴战略的意见》，这是党中央治理农村生态环境的又一行动纲领（见表 2 - 2）。

表 2 - 2　1982～2022 年关于农业农村发展的中央一号文件

年份	政策文件名称
1982	《全国农村工作会议纪要》
1983	《当前农村经济政策的若干问题》
1984	《中共中央关于一九八四年农村工作的通知》
1985	《中共中央 国务院关于进一步活跃农村经济的十项政策》
1986	《中共中央 国务院关于一九八六年农村工作的部署》
2004	《中共中央 国务院关于促进农民增加收入若干政策的意见》
2005	《中共中央 国务院关于进一步加强农村工作 提高农业综合生产能力若干政策的意见》
2006	《中共中央 国务院关于推进社会主义新农村建设的若干意见》
2007	《中共中央 国务院关于积极发展现代农业 扎实推进社会主义新农村建设的若干意见》
2008	《中共中央 国务院关于切实加强农业基础建设进一步促进农业发展农民增收的若干意见》
2009	《中共中央 国务院关于 2009 年促进农业稳定发展农民持续增收的若干意见》
2010	《中共中央 国务院关于加大统筹城乡发展力度 进一步夯实农业农村发展基础的若干意见》
2011	《中共中央 国务院关于加快水利改革发展的决定》
2012	《中共中央 国务院关于加快推进农业科技创新持续增强农产品供给保障能力的若干意见》
2013	《中共中央 国务院关于加快发展现代农业 进一步增强农村发展活力的若干意见》
2014	《关于全面深化农村改革加快推进农业现代化的若干意见》
2015	《关于加大改革创新力度加快农业现代化建设的若干意见》

年份	政策文件名称
2016	《中共中央 国务院关于落实发展新理念加快农业现代化 实现全面小康目标的若干意见》
2017	《中共中央 国务院关于深入推进农业供给侧结构性改革 加快培育农业农村发展新动能的若干意见》
2018	《中共中央 国务院关于实施乡村振兴战略的意见》
2019	《中共中央 国务院关于坚持农业农村优先发展做好"三农"工作的若干意见》
2020	《中共中央 国务院关于抓好"三农"领域重点工作确保如期实现全面小康的意见》
2021	《中共中央 国务院关于全面推进乡村振兴加快农业农村现代化的意见》
2022	《中共中央 国务院关于做好2022年全面推进乡村振兴重点工作的意见》

资料来源：笔者根据收集文件整理。

最后，以精细化治污提升治理能力。以农村环境综合整治为目标，围绕农村用水、化肥农药、面源污染、生活垃圾、人居环境等方面，生态环境部、农业农村部等部门通过精准施策，综合运用经济、法律、技术和必要的行政手段，加大监督指导和治理力度，将"突击式、粗放式、运动式"整治转变为"常态化、精细化、规范化"治理，逐步形成政府、市场、公众多元参与治理的格局。在环境监管执法手段上，相关部门通过无人机和卫星遥感技术，开展农村环境质量或污染源监测平台建设，将监测信息实时上传系统，实现信息化管理。针对农村生态治理资金不足的问题，农业农村部会同财政部等相关部门，在畜禽粪污综合利用，绿色种养循环试点，人居环境整治，卫生厕所改造，生活污水、垃圾处理设施等方面，通过资金奖补、直接补贴等方式，不断加大财政扶持力度，促进农业资源合理利用与生态环境保护可持续发展。

这一阶段农村生态环境治理有三个特点。一是农村生态环境治理已被纳入生态文明建设的重要内容，而且加强了顶层设计，许多政策文件是由中共中央和国务院出台的，还颁布了相关法律进行保驾护航。二是绿色发展成为治理的主要理念，政策目标在于全面提升农业现代化水平，政策内容不断丰富完善，在农村人居环境治理、农业面源污染治理、农业生态发展、退耕还林还草、农业生态补偿、加大财政奖补等方面都做出具体部署，政策创新性、针对性、适用性更强。三是政策体系和治理主体更加多元化。当前的政策体系包括党的政策、法律法规、规划计划、通知意见、行动方案等不同层次，各个国家职能部门也联合出台了针对性文件，部门协同作用不断强化。治理主体同样更注重社会团体、公众的参与监管，形成共抓共建共管的局面。

第四节　农村生态环境治理政策演变的微观分析

为了对中国农村生态环境治理政策发展演进脉络有进一步的具体化、细致化的认识，本部分内容分别从发文时间、数量、主体、类型、主题词等主要政策要素方面对政策文件进行微观分析，通过对政策要素的分析，可以对治理体系的完善和治理能力的提升有更直观的认识。

一　农村生态环境治理政策发文时间及数量分析

上文对中国农村生态环境治理政策发展阶段进行了划分，与此相对应，将收集的政策文本也按这四个阶段分类，并统计每一阶段的发文数量，如表 2 - 3 所示，其中，数量是指每一阶段发布的政策文本数量，占比是指这一阶段发布的政策文本数量占全部分析文本数量（136 份）的比重。

表 2 - 3　中国农村生态环境治理政策文本各阶段发布数量及占比

单位：份，%

时间阶段	初步形成阶段 （1949～1972 年）	持续探索阶段 （1973～1999 年）	稳步提升阶段 （2000～2012 年）	深化发展阶段 （2013 年至今）
数量	6	22	47	61
占比	4.4	16.2	34.6	44.9

资料来源：笔者自制。

分析表 2 - 3 可以得知，在中国农村生态环境治理政策的初步形成阶段、持续探索阶段、稳步提升阶段和深化发展阶段分别有 6 份、22 份、47 份和 61 份政策文本发布，其数量和占比都呈逐步上升的趋势，这也验证了中国农村生态环境治理的政策体系处于一个不断完善的过程中，在经历了新中国成立初期的探索之后，逐步向制度更健全、治理理念和方式更先进的方向演进。其中，深化发展阶段的发文数量占比达到 44.9%，接近总发文数量的一半，充分体现出在党的十八大以后，党和国家对生态文明建设高度重视，通过一系列制度创新，不断完善农村生态环境治理政策体系。

二 农村生态环境治理政策发文主体分析

政策发文主体作为政策的制定者，其出台的政策合适与否直接体现了部门的治理能力和水平。通过统计收集的政策文本，中国农村生态环境治理政策发文主体共涉及 31 个机构，包括全国人民代表大会、全国人大常委会、中共中央、国务院以及国家发展改革委、生态环境部、农业农村部、住房和城乡建设部、自然资源部、交通运输部、科技部、国家林业和草原局等政府部门（见图 2－1）。2018 年机构改革之后，国务院组成部门只有 26 个，而中国农村生态环境治理政策发文主体有 31 个，充分说明农村生态环境治理点多面广，各部门协同治理的趋势日渐明显。

由于生态环境问题的复杂性和渗透性，对其进行治理的主体往往会涉及多个部门，因此存在多部门联合发文的情况。不同部门联合发文的数量越多，说明各部门之间的协作越紧密，协同治理的能力和水平也越高。从政策联合发文主体数量看，单主体发文即单独发文数量为 87 份，占总发文数量的 64.0%；双主体联合发文数量为 35 份，占总发文数量的 25.7%；三主体联合发文数量为 5 份，占总发文数量的 3.7%；四主体联合发文数量为 4 份，占总发文数量的 2.9%，五主体及以上联合发文数量为 5 份，占总发文数量的 3.7%（见图 2－2）。

从统计数据可以看出，单主体和双主体联合发文数量合计占比接近

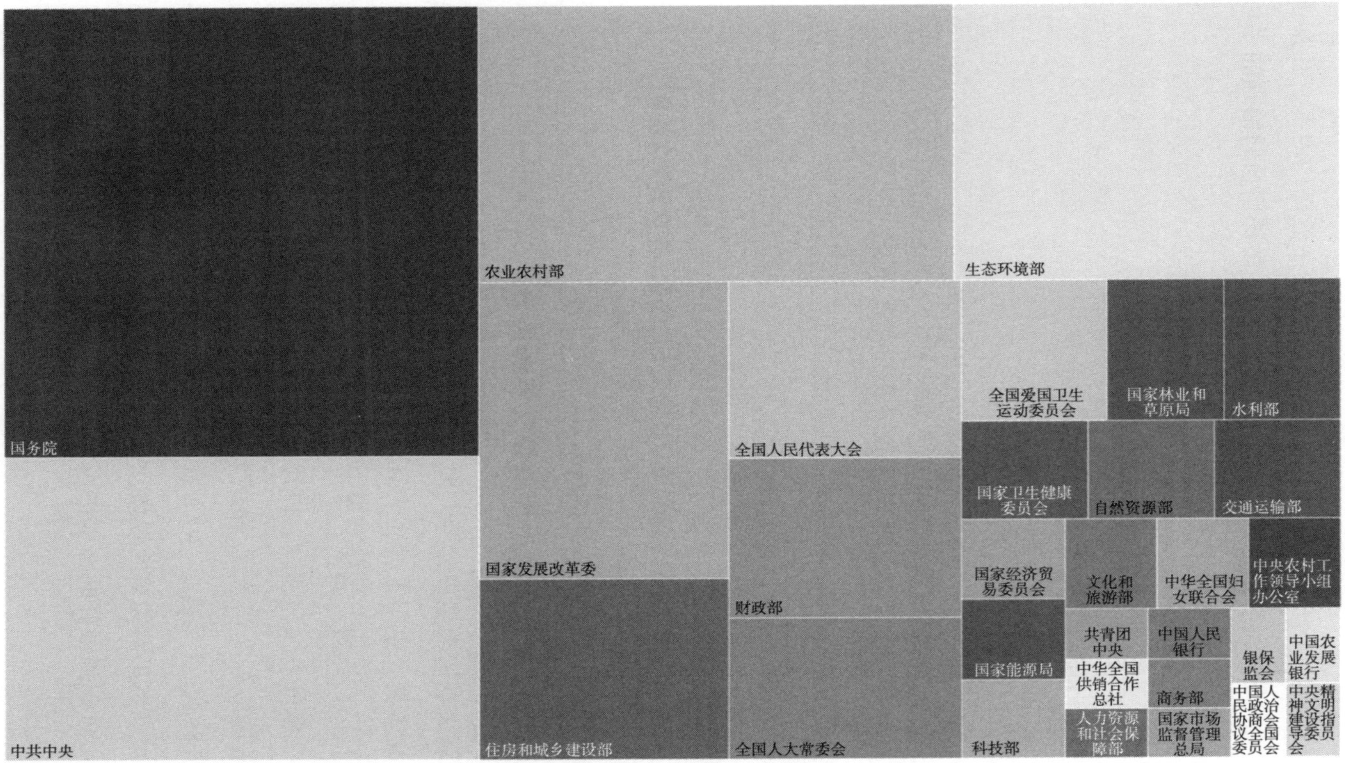

图 2 - 1　中国农村生态环境治理政策发文主体

资料来源：笔者自制。

90%，三主体及以上联合发文数量仍然较少，说明中国农村生态环境部门协同治理的效应并未充分发挥，治理只集中于主管部门内部，在推进生态环境治理体系和治理能力现代化的进程中，多部门协同治理的手段和工具还有进一步改善的空间。

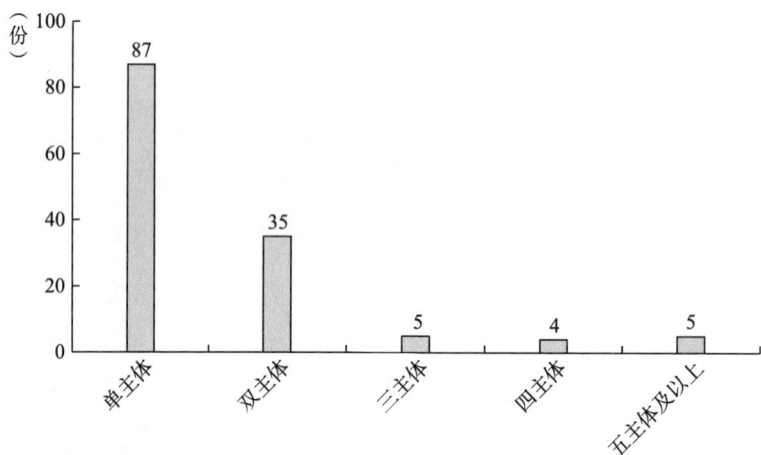

图 2 - 2　中国农村生态环境治理政策不同数量主体联合发文数量

资料来源：笔者自制。

三　农村生态环境治理政策文本类型分析

政策文本按类型可分为纲要、规划、条例、意见、通知等。从收集的政策文本看，中国农村生态环境治理政策文本类型包括法律、纲要、规划、意见、计划、通知、方案、决定、规定和其他等十大类，其中意见类的文本最多（51 份），占比达 37.5%，其后依次是规划文本（16份）、通知文本（13 份）和纲要文本（12 份），占比分别为 11.8%、9.6% 和 8.8%（见表 2 - 4）。从文本的约束性和可操作性看，占比最多的意见类文本虽然约束性较强，但是可操作性较弱，对中国农村生态环境治理并未起到很好的指引作用，而具有较强可操作性的方案类文本还比较少。具有强约束性的法律、纲要类文本合并占比达 14.7%，说明中国农村生态环境治理的顶层设计在逐步加强，整个制度框架在不断完善，治理体系向现代化迈进。

表 2 - 4　中国农村生态环境治理政策文本类型统计

单位：份，%

类型	数量	占比	特点	
			规范性、约束性	指导性、可操作性
法律	8	5.9	强	弱
纲要	12	8.8	强	弱
规划	16	11.8	较强	较弱
意见	51	37.5	较强	较弱
计划	5	3.7	较强	较弱
通知	13	9.6	较强	较弱
方案	7	5.1	较弱	较强
决定	9	6.6	强	弱
规定	4	2.2	较强	较弱
其他	11	8.1	较弱	较弱

注：其他包括纪要、指示、办法、政策、导则、条例、指引、要点、报告等政策文本类型。

资料来源：笔者自制。

政策文本按效力级别可以分为法律、行政法规、行政规章等形式。对收集的政策文本按效力级别进行划分，可划分为法律（10 份）、党内法规（35 份）、工作文件（9 份）、行政法规（2 份）、国务院规范性文件（19 份）、部门规范性文件（30 份）、部门工作文件（31 份）。具有较高效力级别的法律、党内法规、工作文件数量共 54 份，占全部文本的 39.7%，说明中国农村生态环境治理得到较好的法律法规保障，真正实现了有法可依、有章可循（见图 2 - 3）。

四　农村生态环境治理政策文本主题词分析

政策主题词指向所发布的政策文件的核心内容和具体实施范围，集中反映了治理主体的关注点。本部分内容首先通过共词分析法对收集的 136 份政策文本进行共词分析，提取主题词生成共词表，然后对

41

部门工作文件（31份）

行政法规（2份）

部门规范性文件（30份）

国务院规范性文件（19份）

党内法规（35份）

工作文件（9份）　法律（10份）

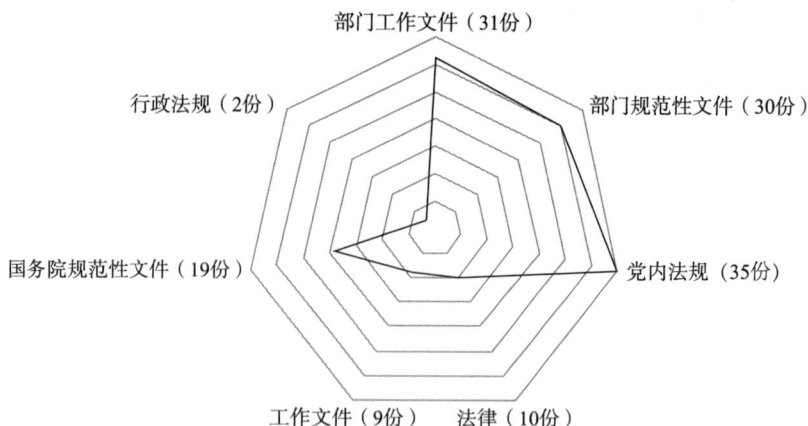

图 2 - 3　中国农村生态环境治理政策文本效力级别

说明：工作文件是指由全国人民代表大会颁布的文件，部门工作文件是指由国家各部委发布的文件。

资料来源：笔者自制。

共词表进行筛选，并剔除如农业、农村、农民、环境等研究主题词和一些无实际意义的连词、助词、副词，最后得出高频词表。在上文中，本章对中国农村生态环境治理政策的演进脉络进行了阶段划分，由于每一阶段的政策关注点不同，因此，需要对不同阶段的政策文本主题词分别进行分析。表 2 - 5 至表 2 - 8 是中国农村生态环境治理政策文本在初步形成阶段、持续探索阶段、稳步提升阶段和深化发展阶段的高频词表。

从表 2 - 5 至表 2 - 8 可以明显看出中国农村生态环境治理政策关注点的变迁。表 2 - 5 统计的是初步形成阶段的高频词，其较好地反映出在此阶段中国农村生态环境的治理目标以消灭荒山、加强绿化和水土保持为主，所以"水土""绿化""森林""造林"等是这个阶段的政策文本主题词。表 2 - 6 统计的是持续探索阶段的高频词，在这一阶段，中国农村生态环境问题发生了明显的变化，乡镇企业"三废"污染和农业自身的污染开始显现，国家层面也开始意识到农村生态环境污染的严重性，因此"保护""经济""乡镇企业""防治""监督""教育"等成为此阶段的政策文本主题词。表2-7统计的是稳步提升阶段的高频词，在这个阶段，中国农村生态环境仍然面临畜禽粪便、秸秆焚烧、农药化肥、农膜废弃物等污染源的危害，国家已开始重视农村生态环境治理，并希望通过加大财政支持力度、建设一系列防污工程项目治理污染，这个阶段的企业、社会等主体参与环境治理的活动也逐渐开展起来，因此"建设""工程""设施""企业""社会""机制""示范""补贴"等成为这一阶段的政策文本主题词。表2-8统计的是深化发展阶段的高频词，进入新发展阶段，为了更好地满足人民对美好生活的向往，党和国家通过一系列制度创新治理农村生态环境，包括农村人居环境整治、农业面源污染治理、农业生态发展、农村饮用水工程建设、农民主体参与治理等，并开始重视农民身心健康发展，因此"治理""机制""技术""绿色""群众""资源化""健康"成为这一阶段的政策文本主题词。

表2-5　中国农村生态环境治理政策文本初步形成阶段高频词统计

单位：次

序号	主题词	词频	序号	主题词	词频
1	水土	69	11	领导	15
2	公路	50	12	收益	14
3	农业	47	13	组织	13
4	绿化	32	14	规划	13
5	合作社	29	15	土地	12
6	技术	17	16	保护	12
7	流失	16	17	采伐	12
8	地方	16	18	荒地	12
9	森林	16	19	管理	12
10	措施	15	20	造林	11

资料来源：笔者自制。

表 2-6　中国农村生态环境治理政策文本持续探索阶段高频词统计

单位：次

序号	主题词	词频	序号	主题词	词频
1	保护	336	11	乡镇企业	59
2	生态	199	12	规划	59
3	部门	182	13	森林	54
4	建设	159	14	防治	53
5	污染	146	15	造林	52
6	管理	99	16	监督	52
7	林业	98	17	资源	51
8	经济	79	18	群众	47
9	技术	77	19	教育	43
10	治理	66	20	三废	41

资料来源：笔者自制。

表 2-7　中国农村生态环境治理政策文本稳步提升阶段高频词统计

单位：次

序号	主题词	词频	序号	主题词	词频
1	建设	1218	11	农产品	306
2	污染	561	12	制度	282
3	技术	553	13	企业	266
4	生态	444	14	社会	265
5	畜禽	437	15	卫生	263
6	工程	367	16	资金	258
7	防治	347	17	机制	247
8	管理	342	18	科技	198
9	秸秆	337	19	示范	165
10	设施	324	20	补贴	162

资料来源：笔者自制。

表 2 – 8　中国农村生态环境治理政策文本深化发展阶段高频词统计

单位：次

序号	主题词	词频	序号	主题词	词频
1	建设	1416	11	社会	323
2	生态	779	12	土壤	289
3	污染	636	13	垃圾	256
4	乡村	620	14	企业	253
5	治理	526	15	绿色	247
6	机制	520	16	人居	232
7	服务	492	17	标准	227
8	制度	453	18	群众	154
9	设施	441	19	资源化	150
10	技术	362	20	健康	146

资料来源：笔者自制。

第五节　研究结论及未来展望

70 多年来，农村生态环境治理的政策体系随着新中国的成长发展而不断进步和完善，这是我们党坚持把马克思主义基本原理同中国具体实际相结合，不断探索、实践、总结而取得的成果。

一　研究结论

政策文本是政府治理理念、方式、逻辑的集中体现，通过对所收集的农村生态环境治理政策文本进行系统的深入分析发现，中国农村生态环境治理无论是治理理念还是治理手段，都有了明显的改变，体现了从初级发展到高级再走向现代化的变迁过程。

首先，在政策理念上，从新中国成立初期的植树造林、加强绿化，到改革开放后兼顾经济发展和环境保护，形成可持续发展理念，再到进入 21 世纪后的科学发展观，强调建设资源节约型、环境友好型社会，然后到进入新时代后绿色发展成为中国新发展理念之一，生态文明建设被纳入中国特色社会主义事业总体布局，统筹推进山水林田湖草沙系统治理，现代化的生态环境治理理念全面形成，在习近平生态文明思想指引下，我国生态环境发生历史性、转折性、全局性变化。

其次，在政策体系上，从分散型向整合型转变。长期以来，中国农村生态环境治理"套用"城市治污的思路，存在主体缺位和职能分散的弊端，制度体系呈现"碎片化"的特征。党的十八大以后，以全过程治理污染为基础的生态文明"四梁八柱"制度体系逐步形成，并与经济、政治、文化、社会等领域制度体系建设相互联系、整体发展，构筑了符合当代中国国情的新型生态环境治理制度体系。在职能分工上，通过机构改革，农业农村部监督指导农业面源污染治理职责被划入生态环境部，农业农村部只负责农业农村工作，这改变了政出多门的困局，提升了治理效能。

再次，在政策模式上，从传统的政府单一管制向现代化多元治理转变。由于农村生态环境问题日益复杂并具有广泛性和系统性，政府"大包大揽"的模式是无法解决的，因此需要其他主体参与治理，这也是符合现代治理趋势的。在计划经济体制下，政府利用权威命令进行环境保护。随着市场经济的发展和公民环保意识的觉醒，传统的单一治理主体模式已不再适用于解决新的环境问题，需要构建一种更加适合现代社会的治理模式，政策体系对多元共治的支持力度也不断加大。因此，党的十九大报告明确提出构建政府、企业、社会组织和公众共同参与的环境治理体系。

最后，在政策工具上，从行政命令型手段向综合应用法律、经济、技术、合作等多种手段转变。长久以来，中国在农村生态环境治理中采用的都是命令控制型的行政手段，其政策设计的核心是政府意志，具有明显的权威管制特征。但随着经济社会转型和公民自主意识的提升，加上环境问题的日益复杂，国家开始重视经济、法治、科技和行政等多种手段的有效结合，政策工具也从末端治理、局部整治向源头控制、全面治理转变，并开始运用互联网技术加强对农业污染的管控，将现代信息科学技术与农村生态环境治理政策工具变革相融合，极大地提升了政策实施效果。

二　政策未来展望

为了实现乡村振兴战略目标，党的十九大报告提出"产业兴旺、生态宜居、乡风文明、治理有效、生活富裕"的总要求，这是推进农业农村改革的方向和指引，而生态宜居、治理有效也是推进农村生态环境治理必须坚持的原则。党的二十大报告对全面推进乡村振兴、建设宜居宜业和美乡村、推动绿色发展、促进人与自然和谐共生作出重要部署。展望未来，在推进农村生态环境治理体系和治理能力现代化进程中，应注重处理好以下几个问题，推动实现"农业强、农村美、农民富"的全面乡村振兴。

（一）顶层设计与全面落实相衔接

生态文明建设是"五位一体"总体布局中的一部分，这意味着农村生态环境治理也应纳入乡村振兴战略规划之中，以实现"碳达峰、碳中和"为目标，与规划的其余部分得到统一设计、统一推进。坚持以习近平生态文明思想为指引，贯彻党中央生态文明建设战略部署，加快落实所出台的一系列农村生态环境治理制度创新举措，明确领导干部生态文明建设责任制，树立正确的政绩观，推动环保督察向纵深发展，加大环境监管的问责力度。以抓铁有痕、踏石留印的韧劲推动农村生态环境治理落实落细，久久为功，更好地把制度优势转化为治理效能。

（二）乡村振兴与产业转型相融合

坚持"绿水青山就是金山银山"理念，以乡村振兴促进产业转型，推动生态产品向产业化、价值化转变，走绿色低碳发展之路。一方面，加快推进绿色兴农，提高农业绿色化、优质化、标准化水平，全面推广应用农作物病虫害绿色防控、生物农药替代化学农药和有机肥替代化肥，加大违禁农药化肥使用惩罚力度。另一方面，大力发展乡村旅游，打造"零排放"产业，充分挖掘地方特色资源，推动观光、休闲、康养、体育、研学等多业态融合发展，建设旅游名镇、旅游名村等地方名片，带动当地就业和上下游产业的发展。

（三）科技支撑与数字赋能相补充

以以智能化、数字化、绿色化为代表的新一轮科技革命为契机，推广农业无人机和农田机器人等农业智能化设备，提高农业生产效率、提升农产品品质。加快绿色农业技术创新，推进农业固碳科技研发，建设绿色低碳农业示范工程。发挥国家、省市重点实验室、农业龙头企业的研究优势，加快绿色农业技术创新，搭建农业农村协同创新平台。以数字化转型为契机，加快推进农业农村数字化、信息化建设，完善农村信息基础设施建设，加强大数据、人工智能等新一代信息技术在农业领域的开发运用，全面开展"数字乡村"建设。

（四）引导宣教和村民参与相结合

农民是乡村振兴的主人，农村生态环境治理离不开农民的广泛参与。在构建农村现代化生态环境治理体系的过程中，应充分发挥农村基层治理组织的作用，激发村民的创造性和能动性，引导村民积极主动地参与生态环境治理，并将村民是否满意作为检验工作的第一标准。重视村民的知情权、监督权，以线上线下相结合的方式，开展"接地气"的生态宣讲活动和发布农村环保监测信息，让生态保护理念深入人心。通过开展典型示范、先进评选等活动，促进村民自觉养成爱护生态环境的文明习惯。

第三章　种植业面源污染治理现代化分析

——基于世界银行贷款广东农业面源污染治理项目

由化肥和农药过量施用导致的种植业污染是农业面源污染的重要来源之一。《"十四五"推进农业农村现代化规划》提出，要持续推进化肥农药减量增效，深入开展测土配方施肥，持续优化肥料投入品结构，增加有机肥使用，推广肥料高效施用技术。种植业面源污染的治理主体众多，包括政府、农户以及农资生产商、销售商、第三方治理公司等市场主体，这就决定了种植业面源污染治理是一个多元参与的系统工程。因此，破解种植业面源污染治理难题需要立足多元主体这一现实特征，从治理模式上寻求突破，在治理体系与模式上实现治理现代化。应建立多元主体之间的竞争性合作治理关系，充分调动各类主体参与治理的积极性，形成稳固的治理机制。本章基于"多中心治理理论"，提出在种植业面源污染治理中建立政府－企业－农户协同治理模式，并利用一手调研数据进行了量化分析。

第一节　种植业面源污染治理现状和问题

近年来，中国农业农村生态环境保护取得积极进展，但总体形势依然严峻，村庄"脏乱差"问题在一些地区依然比较突出。2018 年 11 月，为切实解决农业农村环境污染问题，生态环境部、农业农村部联合印发了《农业农村污染治理攻坚战行动计划》，提出了加强农村饮用水水源保护、加快推进农村生活垃圾污水治理、着力解决养殖业污染、有效防控种植业污染、提升农业农村环境监管能力等重点任务。种植业污染防治成为农业农村污染治理的重要内容，农业生产投入减量化、生产清洁化以及废弃物资源化逐步成为促进农业农村生态环境治理现代化的重要路径。

广东虽然是全国工业大省，但农业也占据举足轻重的地位。新中国成立特别是改革开放以来，广东农业综合生产能力不断提升，农村面貌发生了很大改变，农村居民各项公共服务日益完善。党的十八大以来，广东深入实施农业供给侧结构性改革和乡村振兴战略，农村经济社会发展水平进一步提升，农业高质量发展取得新成效，农村居民生活水平不断提升，农村居民幸福感不断增强，实现了由农业大省到农业强省的华丽转变。

2018 年，广东农林牧渔业总产值居全国第 5 位。广东以仅占全国 1.9% 的土地，为全国生产贡献了约 4.7% 的蔬菜、6.5% 的水果、5.2% 的肉类以及 13% 的水产品，农林牧渔业总产值占全国 5.6%。① 广东农业农村发展取得巨大成就的同时，农业农村环境污染问题也日益严峻。广大农业生产商及农民普遍缺乏农业环境保护意识，环境友好型农资产品匮乏，环境友好型种植和养殖技术推广不足，农业农村废弃物处理设施不完备，农业生产和农村生活过程中产生了大量生产生活废弃物，化肥、农药及畜禽粪污、农村生活污水与生活垃圾等废弃物形成了农业面源污染，给农业农村生态环境带来了巨大压力。土壤、水体和大气等农业农村污染不仅破坏了农村生态宜居环境，而且对农业增效和农民增收产生了负面影响，并对食品安全和人体健康造成了威胁，成为广东生态文明建设和乡村振兴过程中必须解决的突出短板问题。

长期以来，种植业污染都是农业面源污染的重要来源之一，是农业

① 数据来源：《省统计局发布〈新中国成立 70 周年广东经济社会发展成就系列报告〉农业篇 1949—2018 农林牧渔业总产值增长 23.7 倍》，广东省人民政府网站，2019 年 9 月 27 日，http://www.gd.gov.cn/zwgk/sjfb/sjkx/content/post_2638837.html。

面源污染治理中的"顽疾"。农药化肥过量施用、农膜以及秸秆焚烧所产生的污染是种植业污染的主要类型。在种植业集约化程度高的地区，大量施用氮、磷肥造成化肥流失严重，大量的氮和磷等营养元素随农田排水或雨水进入江河湖泊，已成为主要水域的重要污染源。相关研究表明，中国氮肥的利用率仅为 30% ~ 35%，磷肥的利用率为 10% ~ 20%，① 化肥的平均利用率仅为 40% 左右。② 残留的氮、磷等元素通过地表径流、土壤渗滤进入水体，是江河湖泊水体富营养化的"元凶"。与此同时，农药的沉积回收率为 25% ~ 50%，实际有效利用率甚至低于 1‰；③ 大部分农药通过各种途径进入水体、土壤，进而进入农产品中，造成了农产品残留污染。过量使用农药还会增强病虫害的抗药性，进而迫使农药使用量继续加大，形成恶性循环。

据统计，2019 年，广东农作物播种面积为 4357400 公顷，其中粮食作物占所有作物播种面积的 49.6%，水稻播种面积为 1793700 公顷，占比为 41.2%；农用化肥施用量（折纯）为 225.8 万吨，其中，氮肥为 86.3 万吨，磷肥为 26.4 万吨，钾肥为 43.3 万吨，复合肥为 69.8 万吨；农药使用量为 8.75 万吨；农用塑料薄膜使用量达 43842 吨，覆盖面积达 131800 公顷；全年产生秸秆 1767 万吨。④

从强度来看，广东单位耕地面积施肥量和农药使用量位居全国前列。2019 年，广东单位耕地面积施肥量达到 869 千克/公顷，位居全国第一，甚至超出发达国家 225 千克/公顷的警戒线；单位耕地面积农药使用量达到 34 千克/公顷，居全国第二位，远高于发达国家设置的最高限值 7 千克/公顷；单位耕地面积农用塑料薄膜使用量达到 17 千克/公顷（见图 3 - 1）。

---

① 刘星、赵洪光：《农业生产面源污染控制探讨》，《污染防治技术》2006 年第 1 期。

② 谭绮球、苏柱华、郑业鲁：《国外治理农业面源污染的成功经验及对广东的启示》，《广东农业科学》2008 年第 4 期。

③ 袁会珠、杨代斌、闫晓静等：《农药有效利用率与喷雾技术优化》，《植物保护》2011 年第 5 期。

④ 数据来源：《广东农村统计年鉴 2020》，中国统计出版社，2020。

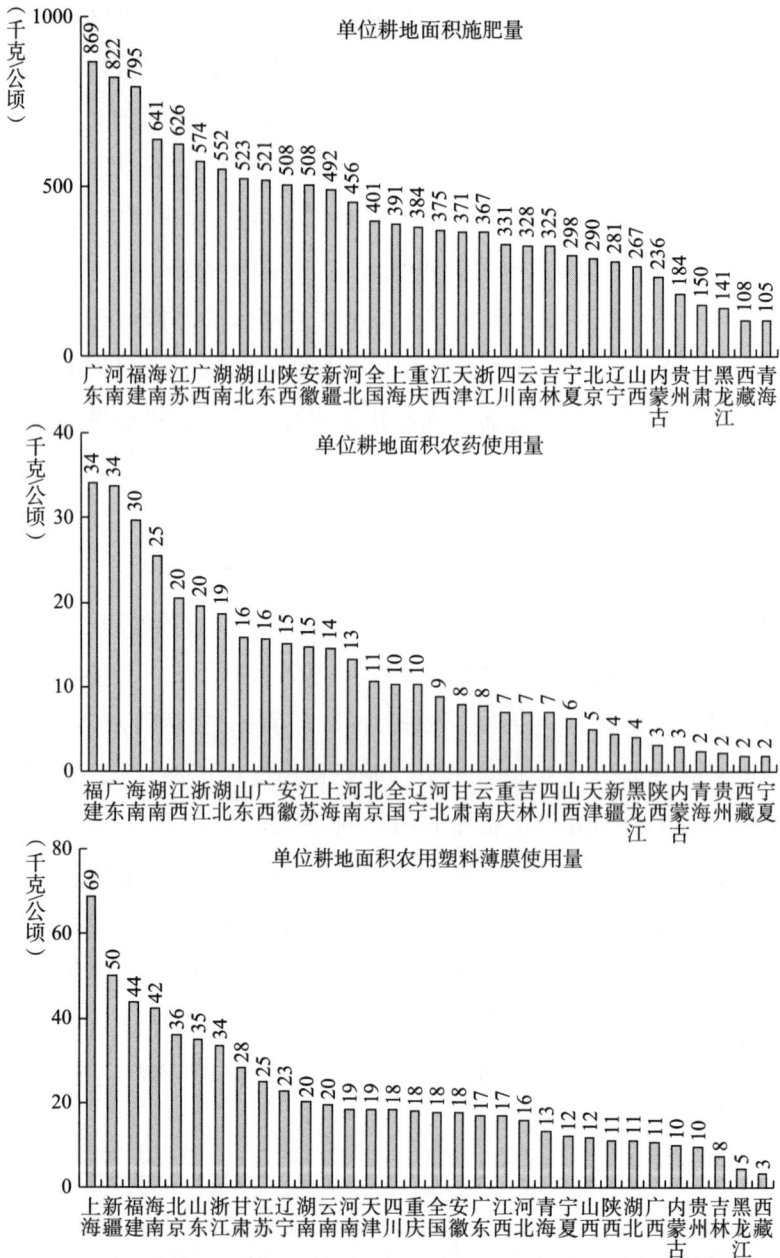

图 3－1　2019 年全国及各地区单位耕地面积施肥量、农药使用量

和农用塑料薄膜使用量

说明：所涉及的数据均未包括香港、澳门特别行政区和台湾地区数据。

资料来源：《中国农村统计年鉴 2020》。

从趋势来看，广东单位耕地面积施肥量和农药使用量总体呈现波动下降趋势。2010～2019年，广东单位耕地面积施肥量由2010年的923.6千克/公顷下降至2019年的868.6千克/公顷，下降了6%；单位耕地面积农药使用量由2010年的40.6千克/公顷下降至2019年的33.7千克/公顷，下降幅度达到17%（见图3-2）。

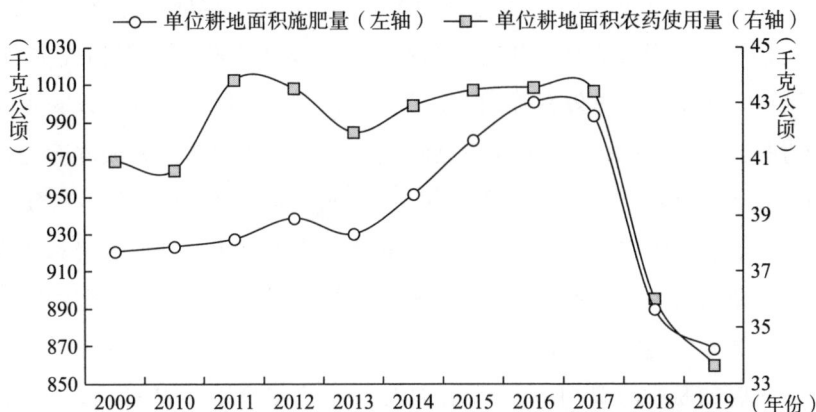

图3-2 2009～2019年广东单位耕地面积施肥量和农药使用量

资料来源：2010～2020年《中国农村统计年鉴》。

第二节 种植业面源污染治理的文献回顾

化肥和农药的过量施用是农业面源污染产生的重要原因之一。[①] 化肥施用有其积极意义，如提高粮食生产效率、保障粮食安全，在过去一定时期为中国农业农村发展做出了贡献。然而，过量且低效的化肥施用破坏了耕地土壤，[②] 氮、磷等元素流失造成的水体富营养化等，[③]

---

① 朱兆良：《朱兆良：对我国粮食安全的几点思考》，《中国科学院院刊》2006年第5期；何浩然、张林秀、李强：《农民施肥行为及农业面源污染研究》，《农业技术经济》2006年第6期。

② 钟秀明、武雪萍：《我国农田污染与农产品质量安全现状、问题及对策》，《中国农业资源与区划》2007年第5期。

③ 张蔚文、石敏俊、黄祖辉：《控制非点源污染的政策情景模拟：以太湖流域的平湖市为例》，《中国农村经济》2006年第3期。

是当前中国农业面源污染产生的主要原因。中国已成为目前全球化肥施用量最多的国家。[①] 中国化肥施用量已从 2007 年的 5107.83 万吨增长至 2017 年的 5859.00 万吨，且仍在持续增长。从单位面积施用量上看，中国也远高于发达国家公认的 225 千克/公顷的环境安全上限。[②]

农户是种植业面源污染治理的关键主体，引导农户采取亲环境行为可以从源头上解决农业环境污染问题。[③] 由于农户实施农药化肥减量、采用环境友好型农业产品和技术等环境友好型生产行为会面临成本高、风险高、周期长、见效慢等问题，环境友好型生产行为往往难以获得农户青睐。[④] 因此，如何引导农户克服减产风险、知识匮乏和成本障碍进而实施环境友好型生产行为便成为关键问题。学界认识到了这一关键问题，并沿着影响农户环境友好型生产行为的内部因素、外部环境和政策干预三条逻辑主线开展了大量探索研究，形成了农户环境友好型生产行为经济学分析的常用范式。

政府的激励政策可以显著增加农户环境友好型生产行为，因此，政府在种植业面源污染治理中的作用不可或缺。在众多激励政策中，技术培训和绿色补贴是学界关注的两种类别。技术培训是农户环境友好型生产行为产生的重要诱发力量，[⑤] 如技术培训对农户采取环境友好型生产行为有显著促进作用，会降低农户化肥施用量。[⑥] 郭巧苓发

---

① 孔凡斌、钟海燕、潘丹：《不同规模农户环境友好型生产行为的差异性分析——基于全国 7 省 1059 户农户调研数据》，《农业经济与管理》2019 年第 4 期。

② 张维理、武淑霞、冀宏杰等：《中国农业面源污染形势估计及控制对策 I.21 世纪初期中国农业面源污染的形势估计》，《中国农业科学》2004 年第 7 期。

③ 郭利京、赵瑾：《农户亲环境行为的影响机制及政策干预——以秸秆处理行为为例》，《农业经济问题》2014 年第 12 期；徐硕、王萍：《基于 CNKI 的农户亲环境行为研究进展与热点分析》，《经济研究导刊》2020 年第 6 期。

④ 徐志刚、张骏逸、吕开宇：《经营规模、地权期限与跨期农业技术采用——以秸秆直接还田为例》，《中国农村经济》2018 年第 3 期。

⑤ 潘丹、孔凡斌：《基于扎根理论的畜禽养殖废弃物循环利用分析：农户行为与政策干预路径》，《江西财经大学学报》2018 年第 3 期。

⑥ 魏欣、李世平、张丛军：《农户施肥行为及其影响因素分析——基于陕西关中地区不同农作物种植户的调研》，《农村经济》2018 年第 12 期。

现，随着乡镇农业技术人员数量的增多，过量施肥程度会降低。[①] 因此，多数学者认为，技术培训可以促使农户正确认识农作物产量与化肥投入之间的关系，避免错误的化肥投入期望，[②] 同时也降低了农户对新技术的感知难度，因而能促使农户选用新型环境友好型肥料、减少化肥施用量。

补贴是影响农户环境友好型生产行为的重要政策工具，农业补贴可以通过影响风险偏好[③]、收入预期[④]、信贷约束[⑤]、农业资本投入等影响农户生产决策行为，[⑥] 使农业生产方式[⑦]、农产品生产效率[⑧]和农业机械化水平[⑨]等发生变化。也有研究表明，当前中国农业补贴过度强调对农业生产的激励，忽视了生态环境保护的导向，造成化肥的过量使用。[⑩] 因此，无论是基于 WTO 农业协议绿箱政策的补贴规则，还是基于对生态环境保护的现实需求，政府都亟须推动农业补贴的绿色化转变。

---

① 郭巧苓：《中国主要粮食作物过量施肥程度及其影响因素分析》，硕士学位论文，江西财经大学，2019。

② 刘铮、刘洪彬、欧文影等：《辽宁省农户测土配方施肥技术采纳行为研究》，《农业经济》2019 年第 11 期。

③ 韩青、刘起林、孟婷：《农业生产托管薄弱环节补贴能否提高农户全程托管意愿？——以农业病虫害防治补贴为例》，《华中农业大学学报》（社会科学版）2021 年第 2 期。

④ 刘克春：《粮食生产补贴政策对农户粮食种植决策行为的影响与作用机理分析——以江西省为例》，《中国农村经济》2010 年第 2 期。

⑤ Phoebe Koundouri, Marita Laukkanen, Sami Myyrä, et al., "The Effects of EU Agricultural Policy Changes on Farmers' Risk Attitudes," *European Review of Agricultural Economics* 36 (2009): 53 - 77.

⑥ 许庆、陆钰凤、张恒春：《农业支持保护补贴促进规模农户种粮了吗？——基于全国农村固定观察点调查数据的分析》，《中国农村经济》2020 年第 4 期。

⑦ 周振、张琛、彭超等：《农业机械化与农民收入：来自农机具购置补贴政策的证据》，《中国农村经济》2016 年第 2 期。

⑧ 朱满德、李辛一、程国强：《综合性收入补贴对中国玉米全要素生产率的影响分析——基于省级面板数据的 DEA-Tobit 两阶段法》，《中国农村经济》2015 年第 11 期；高鸣、宋洪远、Michael Carter：《补贴减少了粮食生产效率损失吗？——基于动态资产贫困理论的分析》，《管理世界》2017 年第 9 期。

⑨ 曹阳、胡继亮：《中国土地家庭承包制度下的农业机械化——基于中国 17 省（区、市）的调查数据》，《中国农村经济》2010 年第 10 期。

⑩ 赵小红、杨俊孝：《农业补贴政策的农业生态环境影响实证分析》，《湖北农业科学》2021 年第 1 期。

与传统农业补贴相比，农业绿色补贴是政府给予农户以激励其进行环境保护或污染削减活动的某种形式的财政支付，其可以对农户采用环境友好型生产资料和技术进行激励。① 尽管有国外学者对农业绿色补贴的资源环境效应持不同看法，但多数研究仍表明，绿色补贴可以对农业环境污染防治起到正向作用，如促进低毒农药使用②、耕地力保护③、环境友好型生产技术采纳。此外，人力资本水平④、社会网络、交易成本、农户偏好等因素会影响农户对绿色补贴的响应。也有学者指出，虽然绿色补贴是必要的，但其并不是绿色农业技术采纳的充分条件，需与其他机制配合，才能在培育农户环境友好型生产行为中发挥更大作用。

作为环境友好型肥料流通过程中的一个重要环节，农资零售商在环境友好型肥料的应用过程中所发挥的作用不容忽视。现有研究表明，农资零售商对农户购买农资产品的影响较大，⑤ 农资零售商的介绍是农户了解化肥产品信息的主要来源。⑥ 由于农资零售商是以营利为目的的市场主体，其更关注农户的反馈与需求，但同时也存在为了商业利润而不考虑社会总福利的弊端，⑦ 这种两面性同样也反映在其对农户肥料选择的影响上。农户与农资零售商的互动频率能正向促进前者绿色生产行为的产生，⑧

---

① 罗向明、张伟、谭莹：《政策性农业保险的环境效应与绿色补贴模式》，《农村经济》2016 年第 11 期。
② 陈美球、钟太洋、吴月红：《农业补贴政策对农户耕地保护行为的影响研究》，《农林经济管理学报》2014 年第 13 期。
③ 周静、曾福生、张明霞：《农业补贴类型、农业生产及农户行为的理论分析》，《农业技术经济》2019 年第 5 期。
④ 杨丹、王晓丽、唐羽：《农业补贴、农户增收与收入不平等》，《华中农业大学学报》（社会科学版）2020 年第 5 期。
⑤ 张蒙萌、李艳军：《农户"被动信任"农资零售商的缘由：社会网络嵌入视角的案例研究》，《中国农村观察》2014 年第 5 期。
⑥ 马骥、张卫峰、马文奇等：《粮食主产区农户化肥信息认知途径调查分析》，《磷肥与复肥》2005 年第 6 期。
⑦ 牛桂芹：《论转型期的农村科技传播模式——以"农资店"的科技传播功能为例》，《自然辩证法研究》2014 年第 8 期。
⑧ 薛姣姣、刘天军、朱嘉林：《社会网络对农户绿色生产行为的影响——来自苹果主产区 1086 个农户的实证分析》，《江苏农业科学》2019 年第 11 期。

农资零售商的推荐也提升了农户对环境友好型肥料的购买意愿；① 但也有研究认为，农资零售商作为市场化组织，会引导农户增加氮肥的使用量。② 例如，为提升销售量，农资零售商可能会在面向农户的介绍中强化化肥的正面作用而淡化其对环境的负面作用，导致农户对农业面源污染认知不足，进而对其施肥行为产生负面影响。③ 农资零售商在乡村农资社会网络（包括政府部门相关人员、村干部、农资生产商、农资代理商、农资零售商、焦点农户和其他一般农户 7 类成员）中处于中心位置，这一社会网络特征使得农资零售商较一般农户而言具有掌控信息和资源的优势，即使农户认为农资零售商的信誉度不高，仍不得不选择"被动信任"农资零售商。④ 农资零售店的赊销策略和农资零售商与农户之间的人际关系，对农资产品质量感知、服务质量感知、沟通质量感知与农资零售店顾客忠诚度的关系起正向调节作用。⑤ 农资零售商的推荐在农户善意信任与能力信任对情感性承诺的积极影响关系中发挥显著的强化作用。

第三节　研究方法：基于政府 - 企业 - 农户协同的治理框架

现有研究从不同角度证实了政府、企业和农户这三大主体在种植业面源污染治理中均扮演着重要角色，显示出多元化治理在种植业面源污

---

① 杨玉苹、孙炜琳、朱立志：《农户生物菌肥购买意愿及行为的影响因素研究——基于山东省设施菜农的调研数据》，《中国农业资源与区划》2019 年第 2 期。

② 罗小娟、冯淑怡、黄信灶：《信息传播主体对农户施肥行为的影响研究——基于长江中下游平原 690 户种粮大户的空间计量分析》，《中国人口·资源与环境》2019 年第 4 期。

③ 蔡键：《风险偏好、外部信息失效与农药暴露行为》，《中国人口·资源与环境》2014 年第 9 期。

④ 张蒙萌、李艳军：《农户"被动信任"农资零售商的缘由：社会网络嵌入视角的案例研究》，《中国农村观察》2014 年第 5 期。

⑤ 李艳军、成盼：《农资零售店顾客忠诚度影响因素研究——基于赊销策略与人际关系的调节效应》，《农林经济管理学报》2016 年第 5 期。

染治理中的重要作用。农户是农业面源污染的制造者、污染治理的主要责任者和环境质量改善的主要受益者。无论是在理论层面还是实际层面，农户都是农业面源污染治理的关键主体，促使农户采用环境友好型生产技术、施用环境友好型肥料和农药等，是治理包括种植业面源污染在内的农业面源污染的根本路径。因此，这一治理路径相对清晰，即通过一系列激励或者约束措施，以及创造有利的外部环境来促进农户积极地实施环境友好型生产行为。当然，环境友好型生产行为的产生是一个较为复杂的机制，不仅涉及相关激励或者约束政策的设计，也涉及农户个体禀赋特征、心理因素等内在条件，还与农资生产商、农资销售商等市场主体紧密相关。本章将种植业面源污染治理体系的构成简化为政府、企业和农户三个主体。其中，农户是种植业面源污染治理的关键主体，是整个治理体系的中心；政府在这一治理体系中发挥着激励、引导、推动和监督作用；包括农资生产商和销售商在内的企业在这一体系中扮演着重要角色。

基于此，本章构建了一个基于政府－企业－农户协同的种植业面源污染治理框架（见图3－3）。其中，政府具体是指省、市、县、镇等各级政府；企业是指农资生产商、销售商等市场主体（在本章中主要指农资销售商）。本章中的农户环境友好型生产行为是指农户绿色生产行为，包括减肥减药行为、绿色生产资料采用行为和绿色生产技术采用行为。在这一框架中，政府通过政策激励来促进和培育农户环境友好型生产行为，本章着重研究绿色补贴和技术培训这两种主要激励政策对农户环境友好型生产行为的影响。其中，绿色补贴是指对农户选择购买环境友好型肥料（包括配方肥、缓释肥等）、农药等进行一定比例的补贴（在本章中是通过价格折扣的形式进行补贴）；技术培训是指政府组织相关专业技术人员，在相关村镇不定期对农户就实施环境友好型生产行为进行培训，内容包括环境友好型生产资料的宣传、环境友好型生产技术的推广等，培训形式包括现场教学、田间教学和技术示范等。

2014～2021年，广东启动实施了亚洲最大、国内首个世界银行贷

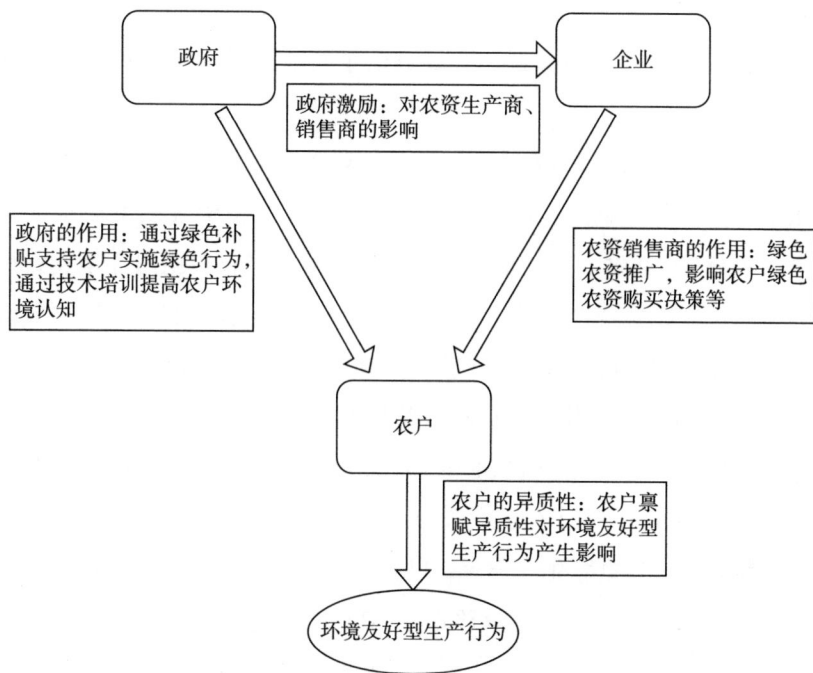

图 3 – 3　基于政府 – 企业 – 农户协同的种植业面源污染治理框架

资料来源：笔者自制。

款农业面源污染治理项目——世界银行贷款广东农业面源污染治理项目（以下简称"世行项目"）。该项目以种植业和养殖业污染治理为主要目标，通过实施一系列创新型激励政策，探索农业面源污染治理的创新模式。该项目实施不仅涉及政府相关部门，广大农户、农资销售商和生产商、第三方培训组织（技术专家）等均参与其中，这为基于本章构建的政府 – 企业 – 农户协同治理框架进行研究提供了准自然实验环境。在世行项目中，符合条件的农户自愿申请参加项目即可获取 IC 卡，卡内仅有补贴额度且不能兑换现金，农户只有到指定农资店购买指定农资和服务并刷卡消费时，才可获得相应补贴。在技术培训方面，世行项目成立了由 60 名专家组成的技术专家组，建立了以 1200 多名镇村农技人员为主体的技术服务体系，在每个项目村聘用 2 名村级助理（当地农户）和若干示范户，共同开展项目技术示范和指导活动。此外，世行项目也将环境友好型农资生产商、销售商（农资店）、农业病虫害统防统治市场服务机构等纳入治理体系，有效调动了农业面源污染治理中的市场力量。

本章数据来源于 2019 年 8～12 月广东省社会科学院课题组在广东开展的世界银行贷款广东农业面源污染治理项目调研（以下简称"世行项目调研"）数据。在种植业方面，世行项目对农户施用环境友好型肥料进行一定比例资金补贴，并定期开展环境友好型施肥技术培训（该类农户在本章中简称"项目农户"，未参加项目的农户被称为"非项目农户"）。环境友好型种植业示范工程惠及 10.6 万个农户、治理 57.5 万亩农田，保护性耕作试点面积增至 2.9 万亩次。本章调研数据来自 10 个县区的 26 个镇共计 48 个村。调查内容涵盖了农户个体及家庭特征信息、耕地规模和地块数量等生产信息，以及农户的环境认知、环境态度等心理信息。本次调研共计发放 878 份（户）问卷，回收有效问卷 727 份（户）。

第四节　实证分析与结果讨论

本节将通过对微观问卷和访谈数据的分析研究政府、企业和农户三个主体参与种植业面源污染治理时的角色、作用和相互之间的作用机制。其中，从绿色补贴政策和技术培训政策两个方面来研究政府在种植业面源污染治理体系中的角色；以农资销售商（农资店）这一种植业面源污染治理重要的市场主体为对象，研究市场主体在培育农户环境友好型生产行为中的作用；此外，还基于年龄、教育背景等农户个体禀赋特征，重点研究了政府激励政策（补贴和培训政策）对其产生的异质性影响。

一　政府在种植业面源污染治理中的角色

农户是种植业面源污染的生产者，也是治理主体和治理的受益群体。不同于工业污染治理，农业污染治理针对的是广大农户，因此所采取的环境规制措施需从根本上与工业污染治理有所区别。传统的命令控制型政策工具对中国工业污染治理起到重要作用，但该类别政策工具对个体无法产生很好的效果。一方面，培育广大农户环境友好型生产行为的工作很难根据统一的、具有约束力的标准、规则来开展；另一方面，采取惩罚性的规制措施来规范农户实施环境友好型生产行为的监管成本太高。因此，国内外往往采取以激励型措施为主的诱导措施，通过技术培训、资金补贴、宣传教育等来培育农户环境友好型生产行为，从根源上治理农业面源污染。

实施绿色补贴和技术培训等政府诱导干预政策，是当前从源头上治理种植业面源污染问题的重要举措。本节通过微观调研数据分析，研究绿色补贴和技术培训这两种主要的政策措施对农户环境友好型生产行为（主要是施肥和施药等方面的行为）的影响机制，从而定量研究政府在种植业面源污染治理中所扮演的角色。

农业补贴是保障中国农业健康、可持续发展的重要政策。从 2004年开始，中国逐步取消农业税、农业附加税等，对农业补贴政策进行改革，政策着眼于农产品流通，提高了对生产流程的补贴额度，使农业补贴真正地惠及广大农户。2007～2013 年，中国又从农业补贴的范围、种类、资金等方面对农业补贴政策进行了一系列革新，并逐步建立补贴的动态调整机制，以弥补补贴政策在具体实践中的不足。2016 年 12月，《建立以绿色生态为导向的农业补贴制度改革方案》印发实施，该方案着重突出绿色生态导向，将种粮农民直接补贴、农作物良种补贴和农资综合补贴等三项补贴"三补合一"，积极鼓励地方在实践上创新补贴的方式与方法，从而更加有效地引导农户实施秸秆还田、合理施用化肥农药、开展统防统治和绿色防控等环境友好型生产行为。中央财政结合农业绿色发展的现实需求，启动了一批重大项目。例如，2016 年，在环京津冀生态一体化屏障重点区域启动实施农作物秸秆综合利用试点；在西北推动治理地膜等"白色污染"，支持建设 100 个地膜回收示范县。实施有机肥替代化肥行动，集中推广堆肥还田、商品有机肥施用、沼渣沼液还田、病虫害统防统治等措施与模式，推动农药化肥的减量化应用。

技术培训可以提升农户人力资本水平，有利于农户接受环境友好型生产知识和生产技能，从而促进农药化肥的减量、科学施用。尽管当前各类农业技术培训名目繁多，但大多以增产增收为目标，对农业面源污染治理起到的作用有限。2014～2021 年，广东实施的世行项目针对农药化肥减量施用、农业面源污染治理和农业绿色发展、提升农户绿色生产素质及对绿色生产资料的管理水平，探索农业面源污染治理新模式。世行项目为农户提供多方式、有针对性的绿色生产技术和知识培训，从而增强农户对绿色生产方式的认知，促进农户接纳环境友好型生产资料和绿色生产方式。世行项目培训内容主要包括配方肥、缓释肥等新型绿色肥料的普及，"三控"施肥技术以及施肥减量生产方式的培训；主要培训方式包括集中授课、田间实操与试验地块示范种植等。本章所指的技术培训与传统农业技术培训有所区别，传统农业技术培训多以农业增产增收为主要目的，而本章所指的技术培训是以种植业面源污染治理为目标，推广绿色生产资料与绿色施肥技术，引导农户科学合理施肥的绿色农业技术培训。

本部分选取施肥量作为被解释变量，选取是否参加世行项目、参加世行项目年数、是否参加技术培训、是否获得绿色补贴等为核心解释变量。另外，选取农户性别、年龄、受教育年限、是否拥有村干部经历、从事农业生产年数、外出务工年数以及土地碎片化程度等为控制变量。利用 OLS 回归模型进行分析，结果显示，在控制一系列变量后，由政府主导实施的世行项目平均降低农户施肥量32.2 斤/(亩·造)，且世行项目每多实施一年，农户施肥量平均降低5.9 斤/(亩·造)；从横向看，在参与世行项目的平均年数下，技术培训使农户当年平均降低施肥量7.8 斤/(亩·造)，绿色补贴使农户平均降低施肥量10.5 斤/(亩·造)。表 3－1、表 3－2 分别显示了世行项目的实施对农户施肥量和 log 施肥

表 3 - 1　世行项目的实施对农户施肥量的影响

变量代项	变量名	施肥量（2019 年）$fert$							
		(1)	(2)	(3)	(4)	(5)	(6)	(7)	(8)
是否参加世行项目	$item$	-33.557*** (0.000)				-32.223*** (0.000)			
参加世行项目年数	$itemyear$		-5.903*** (0.000)				-5.861*** (0.000)		-5.332*** (0.000)
是否参加技术培训（2019 年）	$train$			-23.715*** (0.000)	-10.066*** (0.000)			-20.868*** (0.000)	-7.832*** (0.000)
是否获得绿色补贴（2019 年）	sub			-4.247** (0.029)	-7.900*** (0.000)			-7.405*** (0.001)	-10.502*** (0.009)
性别	sex					-0.221 (0.911)	-0.201 (0.921)	-0.999 (0.633)	-0.424 (0.829)
年龄	age					-0.037 (0.784)	-0.027 (0.844)	0.051 (0.722)	-0.022 (0.873)
受教育年限	edu					0.827** (0.029)	1.208*** (0.002)	0.930** (0.020)	1.093*** (0.004)
是否拥有村干部经历	$cadre$					-7.492*** (0.000)	-7.245*** (0.000)	-7.859*** (0.000)	-7.566*** (0.000)
从事农业生产年数	$agriyear$					-0.029 (0.787)	-0.012 (0.910)	-0.165 (0.142)	-0.008 (0.939)

续表

变量代指项	变量名	施肥量（2019年）fert							
		(1)	(2)	(3)	(4)	(5)	(6)	(7)	(8)
外出务工年数	$outyear$					-0.090 (0.584)	-0.027 (0.872)	-0.131 (0.451)	-0.0748 (0.647)
土地碎片化程度（地块数/亩）	$frag$					1.543*** (0.007)	1.328** (0.023)	2.586*** (0.000)	2.061*** (0.001)
n		876	876	876	876	727	727	727	727
常数项		123.57 (0.000)	114.38 (0.000)	116.07 (0.000)	122.916 (0.000)	117.77 (0.000)	105.61 (0.000)	107.26 (0.000)	112.685 (0.000)
Prob > F		0.000	0.000	0.000	0.000	0.000	0.000	0.000	0.000
R^2		0.205	0.177	0.101	0.213	0.245	0.216	0.156	0.260

注：*、**和***分别表示统计检验在10%、5%和1%的水平上显著，表3-2及以下表格与此相同。

资料来源：笔者自制。

表 3 － 2　世行项目的实施对农户 log 施肥量的影响

变量代指项	变量名	log 施肥量（2019 年）lfert							
		(1)	(2)	(3)	(4)	(5)	(6)	(7)	(8)
是否参加世行项目	*item*	-0.286 *** (0.000)				-0.277 *** (0.000)			
参加世行项目年数	*itemyear*		-0.053 *** (0.000)		-0.049 *** (0.000)		-0.053 *** (0.000)		-0.050 *** (0.000)
是否参加技术培训（2019 年）	*train*			-0.189 *** (0.000)	-0.062 ** (0.015)			-0.166 *** (0.000)	-0.043 (0.109)
是否获得绿色补贴（2019 年）	*sub*			-0.032 * (0.085)	-0.066 *** (0.000)			-0.057 *** (0.006)	-0.086 *** (0.000)
性别	*sex*					-0.010 (0.605)	-0.009 (0.638)	-0.017 (0.400)	-0.011 (0.547)
年龄	*age*					-0.0004 (0.774)	-0.0004 (0.786)	0.0004 (0.749)	-0.0003 (0.840)
受教育年限	*edu*					0.008 ** (0.019)	0.012 *** (0.001)	0.009 ** (0.013)	0.011 *** (0.002)
是否拥有村干部经历	*cadre*					-0.069 *** (0.000)	-0.067 *** (0.000)	-0.073 *** (0.000)	-0.070 *** (0.000)
从事农业生产年数	*agriyear*					-0.0001 (0.893)	0.0001 (0.916)	-0.001 (0.202)	0.0001 (0.887)

续表

变量指代项	变量名	log 施肥量（2019 年）lfert							
		（1）	（2）	（3）	（4）	（5）	（6）	（7）	（8）
外出务工年数	outyear					-0.002 （0.318）	-0.001 （0.530）	-0.002 （0.256）	-0.001 （0.388）
土地碎片化程度 （地块数/亩）	frag					0.013** （0.019）	0.010* （0.059）	0.021*** （0.000）	0.016*** （0.003）
	n	876	876	876	876	727	727	727	727
	常数项	4.769 （0.000）	4.699 （0.000）	4.692 （0.000）	4.756 （0.000）	4.718 （0.000）	4.623 （0.000）	4.614 （0.000）	4.665 （0.000）
	Prob > F	0.000	0.000	0.000	0.000	0.000	0.000	0.000	0.000
	R^2	0.172	0.163	0.074	0.186	0.217	0.207	0.127	0.236

资料来源：笔者自制。

量的影响。结果显示，在控制一系列变量后，世行项目的实施平均使农户施肥量降低 27.7%。在整个项目实施的过程中，技术培训总共使农户施肥量降低了 16.6%，而在参与世行项目的平均年数下绿色补贴平均可使农户当年施肥量降低 8.6%。

为进一步测算世行项目的实施对农户选择环境友好型肥料的定量影响，本部分计算出平均边际效应 dy/dx 和选择概率比 OR（选择环境友好型肥料的概率和不选择环境友好型肥料的概率之比）。在控制一系列变量之后，项目农户的 OR 是非项目农户的 13.6 倍，前者选择环境友好型肥料的概率比后者高出 21.6 个百分点。控制参加世行项目年数后可得，技术培训使农户的 OR 上升至原来的 7 倍，当年选择环境友好型肥料的概率提高 15.7 个百分点；绿色补贴使农户的 OR 上升至原来的 4.6 倍，当年选择环境友好型肥料的概率提高 12.3 个百分点。

可以看出，由政府主导的世行项目的实施对培育农户环境友好型生产行为起到了积极作用。作为两个主要的激励政策工具，绿色补贴和技术培训均对培育农户施肥减量行为产生了积极作用。例如，绿色补贴使农户当年平均降低施肥量 10.5 斤/（亩·造），OR 上升至原来的 4.6 倍，当年选择环境友好型肥料的概率提高 12.3 个百分点；技术培训使农户当年平均降低施肥量 7.8 斤/（亩·造），使农户的 OR 上升至原来的 7 倍，当年选择环境友好型肥料的概率提高 15.7 个百分点。本部分研究的结论与大多数研究的结论相似。例如，诸多学者的研究认为，参与农业技术培训对农户选用绿色肥料有显著的正向影响，[①] 对强化农户使用绿色肥料的习惯会产生积极作用。[②] 尽管有国外学者对农业绿色补贴的资源环境效应有争议，但大多数研究仍表明，绿色补贴可以对农业环境

---

① 张复宏、宋晓丽、霍明：《果农对过量施肥的认知与测土配方施肥技术采纳行为的影响因素分析——基于山东省 9 个县（区、市）苹果种植户的调查》，《中国农村观察》2017 年第 3 期。

② 曹铁毅、王雪琪、邹伟：《家庭农场测土配方施肥行为分析——基于人力资本和社会资本禀赋》，《干旱区资源与环境》2020 年第 5 期。

表 3 - 3　世行项目实施对农户选择环境友好型肥料的定量影响

是否使用环境友好型肥料 efert

变量代指项	变量名	(1) dy/dx	(1) OR	(2) dy/dx	(2) OR	(3) dy/dx	(3) OR	(4) dy/dx	(4) OR
是否参加世行项目	item	0.216*** (0.000)	13.607						
参加世行项目年数	itemyear			0.040*** (0.000)	1.549			0.014** (0.026)	1.185
是否参加技术培训 (2019年)	train					0.192*** (0.000)	10.408	0.157*** (0.000)	7.019
是否获得绿色补贴 (2019年)	sub					0.125*** (0.005)	4.597	0.123*** (0.005)	4.601
性别	sex	-0.014 (0.604)		-0.009 (0.753)		-0.146 (0.570)		-0.015 (0.549)	
年龄	age	-0.001 (0.510)		-0.002 (0.304)		-0.001 (0.467)		-0.001 (0.569)	
受教育年限	edu	0.002 (0.669)		0.0001 (0.986)		0.002 (0.678)		0.002 (0.763)	
是否拥有村干部经历	cadre	0.257 (0.329)		0.025 (0.312)		0.189 (0.465)		0.018 (0.479)	

续表

变量代指项	变量名	是否使用环境友好型肥料 efert							
		(1)		(2)		(3)		(4)	
		dy/dx	OR	dy/dx	OR	dy/dx	OR	dy/dx	OR
从事农业生产年数	agriyear	-0.001 (0.411)		-0.001 (0.610)		-0.0003 (0.828)		-0.001 (0.575)	
外出务工年数	outyear	0.001 (0.549)		0.001 (0.699)		0.002 (0.311)		0.002 (0.396)	
土地碎片化程度（地块数/亩）	frag	0.019** (0.045)		0.015 (0.106)		0.007 (0.413)		0.010 (0.257)	
	n	727		727		727		727	
	Prob > chi2	0.000		0.000		0.000		0.000	
	R^2	0.177		0.094		0.192		0.202	

资料来源：笔者自制。

污染防治起到正向作用，如促进低毒农药的使用①、环境友好型生产技术的采用等，并可以对农户采用环境友好型生产资料和技术产生激励。②

因此，本部分的实证研究表明，政府在种植业面源污染治理中扮演较为重要的角色，主要表现在：一是通过绿色补贴来降低环境友好型生产资料（主要是肥料）的使用成本，进而促进农户选择采用环境友好型肥料；二是通过技术培训来增强农户对绿色肥料和绿色施肥技术的认识和接纳，从而达到降低农户风险厌恶的目的，促进农户实施减肥减药行为和增强农户的环境认知，为实施环境友好型生产行为创造必要条件。当然，在这一政府政策诱导—农户实施环境友好型生产行为的传导路径中，仍可能存在其他调节或者中介因素，例如不同禀赋特征的农户对技术培训和资金补贴可能会有不同的反馈，在推广环境友好型生产资料的过程中，相关市场主体（如农资生产商、农资销售商等）的行为也可能会对农户采用环境友好型生产资料和技术起到作用，本章的后续小节将继续讨论这些问题。

二　企业在种植业面源污染治理中的作用

农资生产商和销售商是连接农户与农资的桥梁，是开展种植业面源污染治理的重要的第三方力量。农资生产商和销售商可以通过促销、降价等手段引导农户选用绿色肥料和农药，在农户环境友好型生产行为培育中扮演重要角色。与对环境友好型肥料生产端和最终消费端的研究相比，对处于流通环节中的农资销售商的研究还相对欠缺，相关研究也多集中于农业科学、社会网络、市场营销等领域，缺乏从经济学理论视角进行探讨的研究。此外，农户听从农资销售商建议的行为与农户选择环

---

① 陈美球、钟太洋、吴月红：《农业补贴政策对农户耕地保护行为的影响研究》，《农林经济管理学报》2014年第1期。
② 罗向明、张伟、谭莹：《政策性农业保险的环境效应与绿色补贴模式》，《农村经济》2016年第11期。

境友好型肥料的行为之间可能存在互为因果的关系。鉴于此，本部分内容运用微观经济学中的供给需求曲线对环境友好型肥料市场进行分析，从经济学的理论视角解释农资销售商在环境友好型肥料销售过程中对农户肥料选择的影响，进而探讨农资店这一重要市场主体在种植业面源污染治理中的作用。

本部分主要探讨的问题是在一定条件下，农资销售商对农户环境友好型肥料的选择是起正向促进作用还是起反向抑制作用。本部分以农户当年"是否选用环境友好型肥料"为被解释变量，该变量为二值变量，当农户当年选用水稻配方肥或缓（控）释肥时，该变量取值为"1"，否则为"0"。为研究农资销售商作用对被解释变量的影响，本部分以农户"选用肥料时是否听取农资销售商意见"为核心解释变量，当农户选用肥料有听取农资销售商意见时，该变量取值为"1"，否则为"0"。

事实上，农户选用肥料时是否听取农资销售商意见与农户是否选用环境友好型肥料之间可能存在内生性关系。一方面，这两个变量之间可能存在互为因果的关系，农资销售商的意见可以促进或者抑制农户选用环境友好型肥料，而当农户选用环境友好型肥料时，由于对新型肥料的不熟悉，其更加倾向于听取更为专业的农资销售商的意见；另一方面，可能存在其他难以量化的影响因素。由于存在内生性问题，若直接用Probit模型进行估计可能会高估听取农资销售商意见对农户选用环境友好型肥料倾向的正向作用。因此，本部分使用IV – Probit法进行研究。现有研究表明，年龄越大的农户，其对有组织的部门特别是政府部门的依赖性会越强，其农资信息获取渠道会越倾向于村委会、农技站等正式组织，因而选择肥料种类时越少听取农资销售商的意见；而务农时间越长的农户，与农资销售商构建起的联系越紧密，也越习惯于通过农资销售商等自由市场交易中的渠道获取关于化肥的信息。同时有研究表明，年龄、务农年数等农户个体特征难以直接影响农户肥料类型选择等施肥行为。因此，"农户年龄"与"农户务农年数"均满足与解释变量相关且与扰动项不相关的特点，本部分选取其为工具变量。

本部分研究的描述性统计结果表明，大部分农户平时从农资店处了解化肥的使用，占总体的 70.6%，听从农资店的意见可以正向促进农户选用环境友好型肥料。从表 3-4 可以看出，第（2）列的项目农户听从农资店意见后使用环境友好型肥料的概率平均上升 5.4 个百分点，而这一效应在第（3）列的非项目农户处不显著。另外，农资店的意见可以促使农户多施用化肥，平均使样本农户多施用化肥 3.7 斤/（亩·造），其中，促使第（7）列的非项目农户平均多施用化肥 16.8 斤/（亩·造）。但是，而这一效应在第（6）列的项目农户处不显著，这从侧面说明了世行项目实施的绿色补贴或技术培训改变了农户对施肥的态度和认知，使得农户在购买肥料过程中更加慎重地考虑购买量，从而避免造成不必要的浪费。同时，可以看出，村干部或村技术助理在这一过程中的作用并不显著（对项目农户除外）。这也说明与村干部或村技术助理相比，农资店在环境友好型肥料推广使用中的作用更大。

事实上，本部分对农资店和农户的访谈调研结果也支持该结论。在推广环境友好型肥料的过程中，农户对环境友好型肥料的需求明显上升，而由于环境友好型肥料零售价涨幅受限，农资销售商对环境友好型肥料的供给面临激励不足的问题，可能无法完全满足农户日益提升的需求。通过政策推广环境友好型肥料，是当前非常有必要的措施，而激励促进农资销售商对环境友好型肥料的供给以匹配农户的需求，是整个推广过程中的重要环节。同时，由于农户对部分生产资料（特别是农药、环境友好型肥料等）并不十分了解，其在农资店购买时的决策主要受农资销售商的建议影响。例如，在某个时节，为消除某一种病虫害，农户到农资店购买农药时并非凭借自己的经验或者耕作实际情况主动选择，而是基本上由农资店推荐，选择农资店配好的农药。在选择缓释肥、配方肥时，农户选择时往往将农资销售商的建议（推荐）作为重要的决策依据（当然，肥料价格和使用便利性依然是其主要决策依据）。对那些利润较低的环境友好型肥料，农资销售商往往不主动推荐，甚至将其放置于店内偏僻角落，这样农户选择该种肥料的机会大大降低。农村是

表 3 - 4　农资销售商对农户施肥行为的影响

变量代替项	变量名	是否选用环境友好型肥料 efert			是否使用环境 友好型施肥技术 emethfert	施肥量（2019 年） fert		
		总体 （1）	项目农户 （2）	非项目农户 （3）	总体 （4）	总体 （5）	项目农户 （6）	非项目农户 （7）
选用肥料时是否听取农资销售商意见	$x1$	0.049** （0.038）	0.054** （0.013）	0.082 （0.438）	-0.055 （0.257）	3.653** （0.049）	0.464 （0.769）	16.827* （0.067）
选用肥料时是否听取农村干部或农村技术助理意见	$x2$	0.032 （0.201）	0.037* （0.091）	0.039 （0.702）	0.191*** （0.000）	-2.284 （0.197）	-0.535 （0.722）	-18.377** （0.037）
参加世行项目年数	$iemyear$	0.014** （0.029）	-0.021** （0.025）	/	0.067*** （0.000）	-5.329*** （0.000）	-3.450*** （0.000）	/
是否参加技术培训（2019 年）	$train$	0.156*** （0.000）	0.053 （0.128）	0.333*** （0.000）	0.220*** （0.002）	-6.989** （0.017）	3.000 （0.385）	-3.939 （0.620）
是否获得绿色补贴（2019 年）	sub	0.117*** （0.008）	0.033 （0.349）	/	0.089** （0.050）	-10.076*** （0.000）	-6.423*** （0.001）	/
控制变量	C	已控制						
	n	717	615	102	404	717	615	102
	常数项	/	/	/	/	109.098 （0.000）	97.123 （0.000）	119.72 （0.001）
	Prob > F / Prob > chi2	0.000	0.003	0.000	0.000	0.000	0.000	0.000
	R^2/Pseudo R^2	0.206	0.101	0.279	0.230	0.270	0.073	0.301

资料来源：笔者自制。

一个"熟人社会",农户与附近若干农资店的往来是长期的,逐步形成的与农资销售商之间的关系属于熟人网络,农资销售商的意见或建议对农户生产资料购买选择的影响是巨大的。因此,农资店在环境友好型生产资料推广使用中起着不可替代的作用,在当前环境友好型肥料相对传统肥料尚未形成价格优势的背景下,采取措施调动农资店的积极性,对打通环境友好型肥料终端市场"最后一公里"十分必要。

三　农户个人禀赋特征对环境友好型生产行为的影响

在农户环境友好型生产行为培育过程中,除了政府政策因素、市场因素、外部环境等外在因素,诸多研究还表明,农户个人禀赋特征会对其实施环境友好型生产行为产生重要影响。例如,农业生产年限增长将促进农户化肥施用量减少,[①] 同时从事非农职业的农户施肥强度更低;[②] 受教育程度的提高促进了农户对测土配方肥的采用;[③] 有外出务工经历的农户更倾向于采用测土配方肥。另外,家庭禀赋对农户施肥行为也有显著影响,例如,农户家庭年总收入越高,越可能尝试具有一定风险的新技术与新型农资;[④] 家庭收入中的农业收入比例正向影响农户减少农药化肥施用量的生产意愿;[⑤] 土地的集中程度提高可以有效促进农户对环境友好型肥料的选择。[⑥]

[①] 田云、张俊飚、何可等:《农户农业低碳生产行为及其影响因素分析——以化肥施用和农药使用为例》,《中国农村观察》2015 年第 4 期。

[②] 马才学、金莹、柯新利等:《基于 STIRPAT 模型的农户农药化肥施用行为研究——以武汉市城乡结合部为例》,《资源开发与市场》2018 年第 1 期。

[③] 秦明、范焱红、王志刚:《社会资本对农户测土配方施肥技术采纳行为的影响——来自吉林省 703 份农户调查的经验证据》,《湖南农业大学学报》(社会科学版) 2016 年第 6 期。

[④] 丰军辉、何可、张俊飚:《家庭禀赋约束下农户作物秸秆能源化需求实证分析——湖北省的经验数据》,《资源科学》2014 年第 3 期。

[⑤] 崔新蕾、蔡银莺、张安录:《农户减少化肥农药施用量的生产意愿及影响因素》,《农村经济》2011 年第 11 期。

[⑥] 张淑娴、陈美球、邝佛缘:《不同经营规模农户生态耕种行为研究——以农药化肥施用为例》,《生态经济》2019 年第 10 期。

因此，禀赋特征如教育背景、年龄、性别等不同的农户，对政策干预的反馈并不相同。本部分研究了农户教育背景、年龄、性别等个人禀赋对绿色补贴和技术培训等政策因素作用的影响。结果显示，绿色补贴和技术培训两种政策的作用在不同教育背景的农户中呈现显著异质性。从绿色补贴政策来看，绿色补贴对中等学历农户的影响最为显著，可使其施肥量平均降低 10.5%，而对低学历的农户影响较小，对高学历的农户基本没有影响。与绿色补贴政策不同，技术培训对低学历的农户不起作用，对中等学历的农户作用也较小，但对高学历农户的减肥行为起决定性作用，技术培训促使高学历农户减少 25.6% 的施肥量。此外，年龄、性别等因素无论是对农户的减肥行为还是对环境友好型肥料选择行为影响均不显著，是否拥有村干部经历则对农户化肥减量行为具有显著影响（见表 3 - 5）。

量化研究结果表明，农户教育背景、身份背景（是否拥有村干部经历）这两个因素对农户实施环境友好型生产行为具有显著影响。其中，教育背景对农户的影响较大，不同受教育程度的农户对不同政策工具的接受程度或者反馈并不相同。该结论对政府实施有针对性的激励政策有重要启示意义，即在种植业面源污染治理中，培育农户环境友好型生产行为，需对不同教育背景农户群体分类施策，对低学历农户，比较有效的方式是通过宣传、引导、示范带动等潜移默化地逐年改变其环境行为；而对中等学历的农户，可以通过绿色补贴政策较好地促进其减少施肥量，同时辅之以潜移默化的作用；对学历较高的农户，开展农业技术培训则是促使其实施环境友好型生产行为的重要手段。

政府、企业和农户在种植业面源污染治理中均扮演着重要角色，且这三种角色之间存在相互促进、相互影响的动态关系。本章的量化研究证实了在种植业面源污染治理中构建多元化治理机制的必要性，证实了政府 - 企业 - 农户协同治理框架的有效性。调研分析和量化分析均表明，促进种植业面源污染治理现代化，亟须立足农业农村现实情况，针对农户这一特殊群体，构建有针对性的治理模式，让包括政府、市场、

表3-5 农户教育背景对施肥行为的影响

变量代指项	变量名	log 施肥量 ljfert					
		edu < 9 (1)	edu = 9 (2)	edu > 9 (3)	edu < 9 (4)	edu = 9 (5)	edu > 9 (6)
参加世行项目年数	itemyear	-0.052*** (0.000)	-0.049*** (0.000)	-0.048*** (0.000)	-0.061*** (0.000)	-0.049*** (0.000)	-0.053*** (0.000)
是否获得绿色补贴(2019年)	substill	-0.055** (0.043)	-0.078*** (0.004)	-0.011 (0.783)	-0.038 (0.246)	-0.105*** (0.001)	-0.016 (0.714)
是否参加农技术培训(2019年)	train	0.013 (0.758)	-0.052 (0.161)	-0.267*** (0.000)	0.025 (0.599)	-0.027 (0.518)	-0.256*** (0.000)
性别	sex				-0.056* (0.066)	-0.012 (0.677)	0.030 (0.510)
年龄	age				-0.003 (0.176)	0.003 (0.233)	-0.002 (0.427)
是否拥有村干部经历	cadre				0.027 (0.418)	-0.088*** (0.003)	-0.068* (0.051)
从事农业生产年数	agriyear				0.002 (0.291)	-0.002 (0.148)	0.003 (0.301)
外出务工年数	outyear				0.006* (0.084)	-0.004 (0.107)	-0.002 (0.541)

续表

变量代指项	变量名	log 施肥量					
		lfert					
		edu < 9	edu = 9	edu > 9	edu < 9	edu = 9	edu > 9
		(1)	(2)	(3)	(4)	(5)	(6)
土地碎片化程度（地块数/亩）	frag				− 0.013 （0.172）	0.029 *** （0.000）	− 0.003 （0.812）
	n	258	450	148	197	342	121
	_cons	4.660 （0.000）	4.763 （0.000）	4.934 （0.000）	4.842 （0.000）	4.666 （0.000）	5.011 （0.000）
	Prob > F	0.000	0.000	0.000	0.000	0.000	0.000
	R²	0.156	0.171	0.375	0.236	0.253	0.445

资料来源：笔者自制。

农户以及社会组织等在内的多元主体参与其中，打通制约种植业面源污染治理的堵点。

第五节 结论与建议

本章通过微观问卷调研数据，从政府、企业和农户视角定量研究了三者在种植业面源污染治理中的协同关系，结论表明：政府在种植业面源污染治理中扮演较为重要的角色，其可以通过绿色补贴来降低环境友好型生产资料（主要是肥料）的使用成本，进而促进农户选择采用环境友好型肥料；可以通过技术培训来增强农户对环境友好型肥料和环境友好型施肥技术的认知，为农户实施环境友好型生产行为创造必要条件。企业对种植业面源污染治理同样起着重要作用，农资销售商的意见或建议对农户生产资料购买选择的影响是巨大的，在当前环境友好型肥料相对传统肥料尚未形成价格优势的背景下，采取措施调动农资店的积极性十分必要。此外，农户是种植业面源污染治理的重要主体，其个人禀赋特征对实施环境友好型生产行为具有显著影响，其中，教育背景对农户的影响较大，不同受教育程度的农户对不同政策工具的接受程度或者反馈并不相同。本章的研究结论显示，基于政府、企业和农户的多元化治理体系可以调动各方参与种植业面源污染治理的积极性，这对进一步提高种植业面源污染治理的效能具有重要启示意义。

一 加快建立农户实施环境友好型生产行为的制度环境

一是制定农业面源污染防治法，提高农业面源污染治理相关法律的等级。完善关于农业肥料管理、农业用水等对面源污染有重大影响的要素的行政法规，细化限制使用化肥、农药实施细则，建立绿色农资产品负面清单制度，运用法治手段处理农业生产中造成严重后果的违法污染行为；完善农业绿色补贴体系，继续扩大补贴政策实施范围，加大农业绿色生产技术推广应用力度，从政策上引导和培育农户环境友好型生产行为。

二是建立政府主导、以农户为主体、村集体组织协调、农资经销商以及第三方组织等协同参与的种植业面源污染治理体系。充分发挥政府主导作用，加强顶层设计、制度创设、资金技术支持和监督管理，引导社会力量参与种植业面源污染治理。充分激发农户参与的内生动力，改变以往"政府包办"的现象，让农民群体广泛参与到环境友好型种植中去，创造条件让农民参与环境基础设施规划、建设和维护，依托农业基层技术服务队伍为种植业面源污染治理提供技术和智力支持。发挥村集体组织协调作用，增强村集体组织在种植业面源污染治理中的动员能力。

三是通过增加"四个资本"来促进种植业面源污染治理。应通过提升农户自然资本、人力资本、物质资本和社会资本来促进种植业面源污染治理。在自然资本方面，促进土地流转，开展适度规模经营，降低土地碎片化程度，夯实农业生产和种植业面源污染治理的土地规模化基础；在人力资本方面，应积极通过广大农民群体可以接受的方式开展宣传教育和专业技能培训，提升农户对生态环境问题的认知程度和参与绿色生产行为的技能水平；在物质资本方面，大力推进实施农业绿色补贴，降低农户实施绿色生产行为的成本；在社会资本方面，加强种植大户、绿色农业种植示范大户与普通农户之间的交流，增强农业技术培训组织与广大农户之间的联系，通过各种方式拓展农户的社会网络，拓宽农户获得涉农及生态环境保护相关信息的渠道，提升农户数字化、信息化水平。

二 加快构建农业绿色补贴政策体系

一是注重发挥广大农户的主体作用。绿色补贴的对象是农户，种植业面源污染治理的根本也在于农户生产行为的绿色化转变。因此，在制定绿色补贴政策时必须充分尊重农户的意愿，契合农户需求，从而激发广大农户实施环境友好型生产行为的积极性，最大限度地发挥补贴资金的经济社会效益。切实考虑广大农户的诉求，注重分析当前环境友好型生产行为未能广泛开展的深层次原因，不仅关注农户的经济成本诉求，更注重分析研究农户对新型生产方式和生产资料采用可能带来的减产风险的担忧，关注广大农户的心理感受。应注重绿色补贴政策实施中的宣传教育，让广大农户真正认识到实施环境友好型生产行为不仅可以降低生产成本，减少污染，而且对农业增产增收不会造成影响，还会促进农产品质量提升，有利于农户长期受益和农业可持续发展。

二是建立激励与约束融合的绿色补贴保障机制。一方面，发挥农业绿色补贴的激励作用，设置合理的补贴标准和补贴方式，促进农户形成绿色生产的内生动力。另一方面，可以探索建立柔性的惩罚机制，通过扣除补贴、经济惩罚、张榜公布等办法来防止骗补、弄虚作假等现象的发生，以此来促使农户严格遵守绿色补贴的相关规定。

三是进一步完善农业绿色补贴的相关配套措施。要根据当前农民群体老龄化趋势明显的现实情况，细化绿色补贴的配套措施，使农户更加便捷地了解相关政策。建议相关部门制作农业绿色补贴政策的宣传手册，以广大农户易于接受的通俗简单的方式，图文并茂地介绍农业绿色补贴的相关政策、申请程序等，并阐明享受补贴之后应当承担的责任、义务。同时，可以将农业绿色补贴的相关知识、政策制作成短视频，以通俗易懂的方式使农户充分直观地了解各项农业绿色补贴的意义。建立农业绿色补贴的定期评估制度，通过委托第三方开展抽样问卷调查等形式，收集在绿色补贴政策实施过程中农户遇到的问题以及对进一步完善补贴政策的意见与建议，及时根据评估结果调整和优化绿色补贴政策。

三　加大农业绿色生产的技术培训力度

一是持续开展农业技术培训。农户传统的生产行为是长期实践中积累形成的，加之当前农户老龄化现象严重，农户对新生事物的接纳程度较低，改变其长期以来的生产习惯并非易事，通过几次技术培训和政策宣讲较难使农户生产行为从根本上改变。因此，应建立常态化的农户绿色技术培训制度，开展多周期、长时间的技术培训，从根本上改变农户传统的生产观念。

二是丰富农业技术培训类别。改变当前技术培训形式单一、内容枯燥，广大农户对其接受度不高的现状。在正式技术培训开始前，应就农户易于接受的培训方式开展广泛调研，根据调研结果，针对不同地区、不同群体，有针对性地开展农户绿色技术培训。从本章的调研情况来看，采取示范种植、田间教学等方式较容易被广大农户接受。应采取多样化的培训方式，将课堂教学、视频宣讲、田间教学、示范种植、外出参观学习等方式结合起来，在每一期培训中合理设置不同方式对应的课程时长。在培训期间，可以带领农户赴邻近示范种植地参观学习，让农户能亲眼看到、亲身体会到实施农业环境友好型生产行为所带来的好处，打消农户的疑虑，提高培训效率。

三是进一步加强绿色农业技术服务平台建设。建立农业、环境专业高校和科研机构与农业技术服务推广机构之间的紧密合作机制，充实服务平台人才队伍，提升绿色农业技术培训服务的质量和效率。应着重提升镇村一线农业技术人员的能力，促进绿色农业技术服务平台向镇村延伸，鼓励其在镇建立分支机构，积极吸纳本地专业技术人员，降低培训沟通成本，提升培训实效。

四　完善农业绿色生产要素供给的市场体系

一是进一步规范绿色农产品认证。注重绿色农产品的品牌培育，提升绿色农产品在市场的溢价水平，使绿色农产品在市场中能凭借其绿色生态优势真正形成产品竞争力。进一步强化绿色农产品认证管理，提升认证环节规范性和科学性，进一步梳理、整合有机农产品、绿色农产品、无公害农产品等称谓，解决当前绿色农产品品牌种类繁多、相似而不同的问题；根据绿色化程度不同，设置不同等级的绿色农产品认证标识。

二是进一步规范绿色农资零售终端市场。本章研究表明农资店在农户降低施肥量方面起着重要作用，应采取措施进一步突出农资店在环境友好型农资推广使用中的作用。应考虑对农资店销售环境友好型肥料进行适当补贴，使农资销售商得以享受到推广环境友好型肥料的成果与红利，使其有动力主动增加绿色农资的供给量，打通关键一环。长期来看，应采取措施降低农资销售商供应环境友好型肥料的成本，如建设优先服务于绿色农资的配送物流中心、建设服务于环境友好型肥料销售商的农村金融服务系统等。促使农资销售商增加对环境友好型肥料的供给，解决供不应求的现状，使得农资销售商的供给适应对环境友好型肥料日益增长的需求。

三是积极扶持和培育绿色生产资料生产企业。在政策和资金上积极支持有机肥生产企业、病虫害统防统治服务组织、生态农场、第三方服务企业等。理顺环境友好型肥料和农药的价格形成机制，激发生产商和销售商的积极性，鼓励病虫害统防统治服务组织、生态农场等第三方参与治理，让各利益相关方均"有利可图"。同时，建立和完善绿色农资生产商的资格审查制度、价格管理制度，确保农资价格真实反映绿色农资市场的供需状况，真正发挥价格引导机制作用。

五　建立基于农户群体特征的宣教体系

一是应将农户这一特殊群体的环境行为特征作为环境政策制定的重要依据。应该建立科学、合理的个体环境行为考察体系，了解农户群体实施环境行为的现状和特点，识别影响不同类别农户实施环境行为的关键因素及其作用机制等。根据不同年龄段、不同教育背景等的群体的环境行为特征来制定不同的环境政策，以提升环境政策的针对性和精准性。

二是建立符合群体特征的环境宣传教育方式。进一步改变单方面灌输式的环境宣传教育方式，注重与宣教对象之间的双向沟通，考虑不同群体年龄、教育背景、接收信息的渠道等特征对宣教的影响。建立适合不同群体和具有时代特征的环境教育宣传方式，建立传统与现代统一、线上与线下结合的多元化宣教渠道，增强环境宣教工作的针对性和有效性，以人民群众喜闻乐见的形式开展环境宣传教育。

三是创造有利于农户实施环境友好型生产行为的社会情境。例如，对积极实施环境友好型生产行为的农户进行表彰奖励，选取若干典型农户，发挥示范效应和群体效应；同时，对不遵守环境友好型生产行为准则的农户以适当方式进行惩戒教育，增强广大农户对环境友好型生产行为的理解和认同。应提供便利的、有利于农户实施环境友好型生产行为的公共基础设施，提供农户、技术培训机构、农资销售商等各治理主体参与治理的有效条件和便捷参与渠道，建立有效的激励和约束机制，等等。

第四章 畜禽养殖废弃物的
多元治理分析

——基于世界银行贷款广东农业面源污染治理项目

畜禽养殖废弃物排放是中国农业面源污染的主要产生原因之一。畜禽养殖废弃物治理涉及利益相关者众多，利益关系复杂，治理链条长，是一个涉及区域政策约束、经济享赋、技术选择和种植－养殖关系协调的复杂系统，导致影响养殖场（户）畜禽废弃物治理模式选择的因素众多。因此，畜禽养殖废弃物治理需要采用多维目标、多样工具、多元共治的治理模式，推动其治理体系和治理能力现代化水平持续提升，努力形成产出高效、产品安全、资源节约、环境友好、调控有效的畜禽养殖业高质量发展新格局。

第一节 中国畜禽养殖废弃物治理的现状与问题

经过几十年的快速发展，畜禽养殖业已经成为中国农业农村经济的支柱产业之一，对农业结构改善、食品供应和农民增收致富都做出了重要贡献，但产业规模的不断增加也带来养殖废弃物产生量的持续攀升，加之种养不断分离，治理水平与管理能力、配套设施与消纳能力等跟不上畜禽养殖业快速发展的步伐，畜禽养殖废弃物排放对包括水体[①]、土壤

---

① 李文哲、徐名汉、李晶宇：《畜禽养殖废弃物资源化利用技术发展分析》，《农业机械学报》2013 年第 5 期。

和大气①在内的环境的污染日益加剧，更成为中国农业面源污染的主要来源。② 2015 年，中国畜牧业总产值占农业总产值的比重为 27.8%，但畜禽养殖业 COD 排放量占全国排放总量的 45.67%，占农业 COD 排放量的 95%；氨氮排放量占全国排放总量的 24.02%，占农业氨氮排放量的 76%。③ "十三五"时期以来，尽管中国不断加大治理力度，但因长期累积效应和新旧污染问题交织，畜禽养殖废弃物治理仍处于攻坚阶段。原农业部数据显示，中国每年畜禽粪污产生量仍高达 38 亿吨。④ 2017 年，全国养殖废弃物资源化综合利用率仅为 64%，⑤ 2019 年约为 70%，⑥ 距离 2019 年农业农村部办公厅和生态环境部办公厅联合印发的《关于促进畜禽粪污还田利用依法加强养殖污染治理的指导意见》提出的目标（到 2025 年和 2035 年，畜禽粪污综合利用率分别达到 80% 和 90%）还有相当距离。当前农村生态环境治理已成为乡村振兴的瓶颈，而畜禽养殖废弃物资源化利用是破解农村生态环境治理与污染防治难题的重要一环。⑦ 畜禽养殖业面临转型升级和绿色发展的重大抉择。

20 世纪八九十年代，中国畜禽养殖规模化程度较低，对环境造成的污染问题尚未完全显现。⑧ 进入 21 世纪，随着养殖规模的不断扩大，

---

① 孙超、潘瑜春、刘玉：《畜禽粪便资源现状及替代化肥潜力研究：以安徽省固镇县为例》，《生态与农村环境学报》2017 年第 4 期。

② 廖青、韦广泼、江泽普等：《畜禽粪便资源化利用研究进展》，《南方农业学报》2013 年第 2 期。

③ 李金祥：《畜禽养殖废弃物处理及资源化利用模式创新研究》，《农产品质量与安全》2018 年第 1 期。

④ 《开启畜牧业绿色发展新纪元，引领畜牧业现代化取得新进展——农业部有关负责人就加快推进畜禽养殖废弃物资源化利用答记者问》，中华人民共和国中央人民政府网，2017 年 6 月 24 日，http://www.gov.cn/xinwen/2017-06/24/content_5205170.htm。

⑤ 中国畜牧兽医年鉴编辑委员会编《中国畜牧兽医年鉴 2018》，中国农业出版社，2018。

⑥ 《全国畜禽粪污综合利用率达 70%》，中华人民共和国中央人民政府网，2019 年 4 月 18 日，http://www.gov.cn/xinwen/2019-04/18/content_5384028.htm。

⑦ 胡曾曾、于法稳、赵志龙：《畜禽养殖废弃物资源化利用研究进展》，《生态经济》2019 年第 8 期。

⑧ 何思洋、李蒙、傅童成等：《中国畜禽粪便管理政策现状和前景述评》，《中国农业大学学报》2020 年第 5 期。

中国对畜禽养殖污染问题的关注度也逐步提升，针对畜禽污染防治进行专项管理的技术规范、政策文件等管控措施不断完善。以 2000 年为起点，结合国家制定并推行的法律法规和政策文件的目标、内容、等级和影响力综合考量，中国畜禽养殖废弃物治理被分为平稳起步阶段（2000～2010 年）、快速发展阶段（2011～2017 年）和完善提升阶段（2018 年至今）。治理进程演进的特征表现为：理念从单一强调污染防治向资源化利用再向推动产业高质量发展和乡村振兴转变；工具手段从命令－控制型政策向经济激励型和自愿参与型政策转变；政策内容从原则性和笼统逐渐向针对性和明晰转变。在第一阶段，治理政策目标多是实现污染安全处置。政策手段以强制性命令工具为主，包括通过征收排污费等行政强制手段来限制规模养殖场（户）粪污排放量等。同时，技术规范和排放标准体系在这个阶段陆续出台，进一步奠定了以政府为主导的命令－控制型政策体系实施基础；辅助以经济激励型政策手段，包括中央财政开始为畜禽养殖污染防治提供专项资金支持。2013 年，《全国畜禽养殖污染防治"十二五"规划》正式印发，提出要以农牧结合、种养平衡、循环利用为根本手段，提高农业资源综合利用效益，减少污染物排放，保障区域环境质量和畜牧业健康持续发展。第二阶段，在生态文明理念的引导下，政府逐渐开始认识到开展畜禽养殖废弃物资源化利用工作的紧迫性，对畜禽养殖废弃物治理的引导逐渐由单纯注重污染防治向强调资源化利用转变，逐步形成具体的政策要求和措施，制定了畜禽养殖废弃物资源化利用各个环节的技术规范。[①] 进入第三阶段，生态优先、绿色发展已成为新时代的鲜明主题，党的十九大报告指出要坚决打好污染防治攻坚战。畜禽养殖废弃物资源化利用步伐进一步加快，治理工作从侧重强调污染防治和资源化利用的专项工作，向以实施乡村振兴战略为引领、以农业供给侧结构性改革为主攻方向，推动畜禽养殖产业向着绿色高质量发展转变。2021 年出台的《农业面源污染治理与监督

---

① 赵玥、李翠霞：《畜禽粪污治理政策演化研究》，《农业现代化研究》2021 年第 2 期。

指导实施方案（试行）》首次提出将规模以下畜禽养殖污染治理作为重点内容，更加突出强调政策激励与多元治理，强化政策引导作用，注重激励型措施与强制型措施相结合，充分运用税收、补贴等经济手段，探索开展"点源－面源"排污权交易试点，广泛调动农业产业链主体和社会各界的积极性，推动政府、农业社会化服务机构、农户等多元主体合作共治。

经过数十年的发展和完善，中国畜禽养殖废弃物治理工作取得明显成效，为全面建成小康社会提供了强有力的支撑。但是，按照全面改善农村人居环境、全面推进乡村振兴的新要求，现阶段中国畜禽养殖废弃物治理体系建设还存在明显不足，包括治理目标缺乏完整性和衔接性，治理主体的"国家－个体"二元监管特征仍十分明显，治理政策中命令－控制手段仍存在局限性且经济激励工具偏单一，纵向关系中的畜禽粪污治理市场体系尚未形成，等等。畜禽养殖废弃物排放产生的环境污染是一种典型的负外部性表现，既包括由此导致的农田水体、土壤、大气和生态系统破坏，还包括可能引致的农作物减产、周边居民环境感受下降、周边区域土地成本和景观价值下降等。提升畜禽废弃物治理体系和治理能力现代化水平，关系到农业面源污染治理、水源保护、耕地保护和改善农村居民生活环境，关系到农村能源革命，关系到全面实现乡村振兴，关系到生态文明建设和经济社会全面绿色转型，是重大民生工程和民心工程。

第二节　畜禽养殖废弃物治理研究的理论基础

畜禽养殖废弃物治理研究涉及的基本概念包括畜禽养殖业、畜禽养殖污染、畜禽养殖废弃物及其治理等。国内外学者分别从自然科学和社会科学等不同视角持续关注畜禽养殖废弃物治理问题。其中，社会科学领域的学者们以负外部性、公共产品、环境资源产权、利益相关者、多元治理与农户行为等理论为基础，聚焦畜禽养殖污染问题的经济学解释及其解决路径，并重点围绕养殖户畜禽养殖废弃物治理行为选择与影响因素、政府干预政策工具选择及其影响、畜禽养殖废弃物治理的纵向协作关系及其影响、市场化机制的建立及影响等方面展开深入研究。

一 基本概念

（一）畜禽养殖业

畜禽养殖业是指通过人工饲养和繁殖的方式，利用猪、牛、羊、鸡、鸭等家畜和家禽养殖将饲料、牧草等中包含的植物能转化为动物能，以获取肉、蛋、奶、皮毛等畜产品的产业。[①] 畜禽养殖业是农业生产的支柱产业之一，不仅可以为我们提供肉、蛋、奶、皮毛等产品，还可以为农业发展提供所需的役畜及粪肥等。[②]

（二）畜禽养殖污染

中国早期对畜禽养殖带来的环境负面影响采用的是"畜禽养殖污染"的提法。根据 2001 年版的《畜禽养殖污染防治管理办法》，畜禽养殖污染是指在畜禽养殖过程中，畜禽养殖场排放的废渣，清洗畜禽体和饲养场地、器具产生的污水及恶臭等对环境造成的危害和破坏。孔祥才将畜禽养殖污染的定义分为广义的和狭义的。广义的畜禽养殖污染主要包括以下四种。一是畜禽养殖过程中畜禽粪便、尿及养殖废水等随意排放造成的土壤、水源以及大气污染；二是畜禽养殖过程中病死畜禽的随意抛弃或处理不彻底造成的水源等环境污染以及可能滋生传染病的风险；三是畜禽养殖过程中由滥用饲料添加剂、兽药等造成的肉类药物残留超标导致的肉制品污染；四是畜禽粪污未经处理直接还田，因氨氮等有机物含量过高造成的农作物减产，或粪污中含有的寄生虫和病原微生物对环境甚至人体造成的危害。狭义的畜禽养殖污染主要指上述第一

---

① 孔祥才：《畜禽养殖污染的经济分析及防控政策研究》，博士学位论文，吉林农业大学，2017。

② 朱建春、张增强、樊志民等：《中国畜禽粪便的能源潜力与氮磷耕地负荷及总量控制》，《农业环境科学学报》2014 年第 3 期。

种，即畜禽粪便和养殖污水未经处理直接向环境排放，对土壤、水源和大气造成的污染。[①] 孟祥海也认为畜禽养殖污染一般是指畜禽粪便、养殖粪污和处理不当的病死畜禽尸体等对水体、土壤和空气的污染。其中，处理不当是界定畜禽养殖污染概念的关键。[②] 本章倾向于采用相对狭义的概念界定畜禽养殖污染，即在畜禽养殖过程中，因畜禽粪尿和养殖污水未经处理或处理不当而对生态环境造成的污染。

（三）畜禽养殖废弃物

畜禽养殖废弃物主要包括猪、牛、羊、兔、鸡、鸭、鹅、肉鸽等家畜家禽的粪便和圈舍冲洗废水等，有些地方根据实际情况，还包括"丢弃的畜禽尸体"（杭州市）、"防疫危险废弃物"（海口市）等。[③] 畜禽养殖废弃物与畜禽养殖污染概念相似，但更侧重于从资源综合利用的角度去理解，所以畜禽养殖废弃物也被称为放错地方的资源。

（四）畜禽养殖废弃物治理

畜禽养殖废弃物治理主要分为粪污产前、产中和产后治理，产前需要制定相关政策，做好规划布局；产中需要加强管理；产后需要对粪污进行资源化无害化处理。

二 文献综述

利益相关者理论、多元治理理论以及农户行为理论等有助于我们更好地理解畜禽养殖废弃物治理中的主体关系、行为选择及影响因素等重要问题。

利益相关者理论来自弗里曼（R. Edward Freeman）的《战略管理：利益相关者方法》（1984 年）一书，他认为"利益相关者是能够影响一

---

① 孔祥才：《畜禽养殖污染的经济分析及防控政策研究》，博士学位论文，吉林农业大学，2017。
② 孟祥海：《中国畜牧业环境污染防治问题研究》，博士学位论文，华中农业大学，2014。
③ 胡曾曾、于法稳、赵志龙：《畜禽养殖废弃物资源化利用研究进展》，《生态经济》2019 年第 8 期。

个组织目标的实现，或者受到一个组织实现其目标过程影响的所有个体和群体"。① 在环境治理中，政府、市场、社会团体、专家学者及公众等均会受治理过程的影响并在其中发挥作用。王身余通过演化逻辑分析发现，利益相关者理论大致经历了从利益相关者"影响"到"参与"，再到"共同治理"的变迁和深化过程。② 沈费伟和刘祖云认为，利益相关者理论为我们分析农村环境治理过程中不同主体的利益博弈和行为过程提供了很好的观察视角和问题解决思路。③

20 世纪 90 年代后，学者对新公共管理理论与新公共服务理论进行整合，发展出了公共治理理论，并形成了埃莉诺·奥斯特罗姆的多中心治理理论以及以罗茨、皮埃尔等的理论为代表的网络治理理论，这些理论往往以多元主体为特征，学术界统称其为多元治理理论。④ 多中心的治理主体、合作式的治理方式、网络化的治理结构和共赢性的治理目标，是多元治理的主要特征。田千山将生态环境的多元共治模式定义为：政府、企业、公众及社会其他主体通过采取分工、合作、协商等方式充分发挥各自优势，解决生态环境问题的全过程。⑤ 相比于科层式治理模式和市场化治理模式，多元治理模式的独特自在性显然更加契合包括畜禽养殖废弃物治理在内的农村环境污染治理的内在要求。

农户行为是指作为农村最基本组织单位的农户和农产品生产者，为满足自身需要和达到特定的目标进行一系列经济活动的过程，养殖户的畜禽养殖是一种典型的农户行为。美国经济学家西奥多·舒尔茨和苏联经济学家恰亚诺夫基于对小农是否以追求利益最大化为目标这一问题的不同回答，分别提出了"理性小农""生存小农"的不同观

---

① 林曦：《弗里曼利益相关者理论评述》，《商业研究》2010 年第 8 期。
② 王身余：《从"影响"、"参与"到"共同治理"——利益相关者理论发展的历史跨越及其启示》，《湘潭大学学报》（哲学社会科学版）2008 年第 6 期。
③ 沈费伟、刘祖云：《农村环境善治的逻辑重塑——基于利益相关者理论的分析》，《中国人口·资源与环境》2016 年第 5 期。
④ 肖萍、朱国华：《农村环境污染治理模式的选择与治理体系的构建》，《南昌大学学报》（人文社会科学版）2014 年第 4 期。
⑤ 田千山：《生态环境多元共治模式：概念与建构》，《行政论坛》2013 年第 3 期。

点。舒畅在研究农户畜禽养殖废弃物治理行为选择时就指出，农户在追求利润最大化的过程中所采取的决策行为，不仅会受到个人属性特征、个人感知特征等内在因素制约，还会受到家庭生产经营特征、自然环境特征以及社会环境特征等外在因素的影响。[①] 毕茜认为农户的经济行为选择过程可以折射出三个基本假设，即农户具有经济人属性；农户属于风险规避者群体，其技术选择行为具有风险厌恶型特征；农民的技术选择行为是有限理性的。[②]

基于上述重要理论，学者们从以下视角展开对畜禽养殖废弃物治理问题的深入研究并得出重要结论。

（一）基于养殖户个人禀赋属性和家庭经营特征的治理行为选择研究

养殖户（包括养殖场或养殖场主，下同）是畜禽养殖业的生产主体及废弃物治理主体，其行为选择和决策会对治理效果产生最直接的关键影响，长期以来学界都在持续关注养殖户治理行为选择的影响因素及行为结果等相关问题，这其中就包括对养殖户个人禀赋属性和家庭经营特征如何影响治理行为选择的研究。胡浩等通过问卷方式对江苏省规模生猪养殖户采用沼气处理技术的情况进行调查研究，发现养殖规模、污染认知程度、政府补贴力度等对生猪规模养殖户采用沼气处理技术与否产生重要影响。[③] 王桂霞和杨义风认为，中小规模养殖户废弃物治理行为选择的主要影响因素包括风险偏好和环境认知等，而大规模养殖户废弃物治理行为选择的影响因素则包括养殖场主的文化程度、环境认知和健康认知等。[④] 邬兰娅等基于实证调查和模型分析探讨了环境感知和制度因素对养殖环境成本内部化的影响，结论显示生态意识和

---

① 舒畅：《基于经济与生态耦合的畜禽养殖废弃物治理行为及机制研究》，博士学位论文，中国农业大学，2017。
② 毕茜：《农户行为与农业面源污染控制研究》，科学出版社，2018。
③ 胡浩、张晖、岳丹萍：《规模养猪户采纳沼气技术的影响因素分析——基于对江苏121个规模养猪户的实证研究》，《中国沼气》2008年第5期。
④ 王桂霞、杨义风：《生猪养殖户粪污资源化利用及其影响因素分析——基于吉林省的调查和养殖规模比较视角》，《湖南农业大学学报》（社会科学版）2017年第3期。

责任意识对养殖户粪污无害化处理行为具有显著正向影响，而受教育程度和环境污染认识会显著正向影响其对生态养殖模式的采用，所以通过完善教育培训体系来增强养殖户的生态责任意识应是制度努力的方向之一。① 潘丹和孔凡斌通过研究发现，户主的年龄、文化程度及信息认知，家庭人均耕地面积及劳动力占比，产业组织状况，政府补贴，技术培训等会对养殖户畜禽粪污处理方式选择产生显著影响。②

在养殖户家庭经营特征对畜禽养殖废弃物治理影响的研究方面，潘丹和孔凡斌的研究证实，畜禽养殖规模与养殖污染之间存在显著的倒 U 形关系，即小规模养殖和大规模养殖所产生的畜禽养殖污染均相对较小，而中等规模养殖所产生的畜禽污染较大。③ 饶静和张燕琴通过对规模和类型各异的养殖户的治理行为进行研究也发现，中等规模养猪场资源化利用水平最低，污染风险最大；小规模和散户养猪场污染最直接，但由于配套耕地比例较高，资源化利用水平也较高。所以养殖规模并不能作为分析养殖场环境行为的唯一分类指标，还应纳入养殖主体的社会经济特征综合分析。④ 仇焕广等的研究结论显示，畜禽粪便处理方式除了受养殖规模和耕地面积的影响较大外，还受到社会经济条件的影响，例如，村庄人口密度和畜禽粪便处理比例呈正相关，村庄与乡镇政府所在地距离和畜禽粪便处理比例呈负相关。⑤

综合文献研究，个人禀赋属性中对养殖户治理行为选择有影响的主要有以下四种。一是年龄。养殖户年龄越大，思想越易固化保守，接受

---

① 邬兰娅、齐振宏、黄炜虹：《环境感知、制度情境对生猪养殖户环境成本内部化行为的影响——以粪污无害化处理为例》，《华中农业大学学报》（社会科学版）2017 年第 5 期。

② 潘丹、孔凡斌：《养殖户环境友好型畜禽粪便处理方式选择行为分析——以生猪养殖为例》，《中国农村经济》2015 年第 9 期。

③ 潘丹、孔凡斌：《养殖户环境友好型畜禽粪便处理方式选择行为分析——以生猪养殖为例》，《中国农村经济》2015 年第 9 期。

④ 饶静、张燕琴：《从规模到类型：生猪养殖污染治理和资源化利用研究——以河北 LP 县为例》，《农业经济问题》2018 年第 4 期。

⑤ 仇焕广、严健标、蔡亚庆等：《我国专业畜禽养殖的污染排放与治理对策分析——基于五省调查的实证研究》，《农业技术经济》2012 年第 5 期。

畜禽养殖废弃物资源化利用新理念、新技术越困难。二是教育。受教育程度更高的养殖户，接受和学习新理念、新技术的意愿和能力更强，对污染危害的认识更深刻，更易于采用环境友好型废弃物治理模式。三是养殖年限。养殖年限更长的养殖户，养殖经验更丰富，对相对成熟的废弃物治理模式掌握更熟练，但受思维固化和成本沉淀影响，对畜禽养殖废弃物治理新理念、新技术的采纳和采用相对比较困难。四是心理认知。就风险认识与偏好而言，废弃物资源化利用前期建设成本高，需承担较大风险，风险偏好程度更高的养殖户承担风险的意愿也更强，为后期获取更多盈利机会，更愿意为畜禽养殖废弃物处理及资源化利用进行技术升级和改造投入。风险规避型养殖户则反之，往往会尽量减少投入或采用最基础的废弃物治理方式。

家庭经营特征中对养殖户畜禽养殖废弃物治理行为选择产生重要影响的主要有以下四种。一是养殖规模。因规模效应的存在及考虑到对环境的影响程度，养殖规模越大的养殖户越会被纳入政府重点监管范围，其环境影响问题也越容易引起周边居民关注，这些外在压力会迫使一定规模以上的养殖户采用较为规范的废弃物治理技术和方式，以实现长期可持续发展。二是家庭总收入与养殖收入占比。一般家庭总收入越高的养殖户，越有能力在畜禽养殖废弃物处理上投入更多资金。同时养殖收入占比越高，养殖业在家庭收入中的地位就越高，养殖户就会越关注长远利益和产业发展，这种关注的增强有利于促使其按生态环保要求开展畜禽养殖废弃物资源化利用。三是耕地面积。养殖户拥有的耕地面积往往与其粪污消纳能力成正相关，耕地越多越有利于采用粪污发酵还田的肥料化利用方式，也就可以消纳越多的粪污。四是养殖户组织状况。从组织结构上看，养殖户是否加入农村经济合作社，或者通过"公司＋养殖户"形成新的养殖组织化模式，会影响其畜禽养殖废弃物治理行为的选择。因为大型公司或合作社对绿色高质量养殖的规定更为严格，这就会引导甚至通过激励方式带动养殖户采用环境友好型的废弃物资源化利用模式，提升治理能力。

（二）政府角色与治理工具选择研究

生态资源和环境保护的公共产品属性决定了政府有责任通过不断完善政策工具和治理体系、提升治理能力来保障优质生态环境资源的有效供给。在没有政府严格规制的前提下，畜禽养殖经营主体基于私人经济利益最大化的目的必然倾向于选择污染环境而非治理环境，随着养殖规模的不断扩大，外部不经济带来的污染问题就会更加严重，因此，需要政府强有力的干预和规制。兰婷就认为，畜禽养殖污染治理具有公共产品的属性，其效用的不可分割性、消费的非竞争性和收益的非排他性决定了政府监管模式的合理性。① 政府在畜禽养殖废弃物治理中的职能、角色及政策工具选择长期以来都是学者研究的重点。相关研究结论也揭示出，养殖户之所以能够摆脱"理性经济人"假设不断加大畜禽养殖废弃物治理相关设施和技术投入力度，正是因为政府基于产业绿色可持续发展目标对环保标准和治理技术规范等的持续提升和改进，来自政府的严格监管和规制是养殖户进行畜禽养殖废弃物治理及决定选择何种模式的重要影响因素。姜海等依据关键利益主体及政府管理活动的类型，将畜禽养殖废弃物资源化利用管理模式划分为养殖企业主导型、有机肥企业主导型、种植企业主导型和政府（处理中心）主导型，不同地区政府应根据实际情况合理选择适宜的主导管理模式，并从政府定位、资金保障、组织方式、财政补贴等方面优化管理政策。他们同时认为，在这一过程中，不断完善政府角色和职能是实现畜禽养殖废弃物资源化利用的关键，除了单一外部监管者角色之外，政府在畜禽养殖废弃物治理与资源化利用中还扮演着废弃物处理监督者、资源化利用的组织者和服务的购买者等"多重角色"，其将养殖废弃物资源化利用相关利益主体组织起来，重新建立种植业－养殖业循环发展关系。②

---

① 兰婷：《乡村振兴背景下农业面源污染多主体合作治理模式研究》，《农村经济》2019年第1期。

② 姜海、雷昊、白璐等：《不同类型地区畜禽养殖废弃物资源化利用管理模式选择——以江苏省太湖地区为例》，《资源科学》2015年第12期。

政策工具是政府在部署和贯彻政策时采取的具体方法和手段。张成福和党秀云在《公共管理学》（修订版）中将政策工具定义为政府将其实质目标转化为具体行动的路径和机制。① 环境政策工具作为政策工具的一种特殊类型，是指公共政策主体为解决特定的环境问题（如农业面源污染问题）或者实现一定的环境治理目标（如畜禽养殖废弃物零排放）而采取的各种手段和方法。在治理政策工具的选择和发展上，学者们基于大量数据调查和研究已经发现，环境规制、禁养区划定及行政处罚等强制控制政策，财政专项补贴等激励政策手段，以及技能指导培训等自愿参与型政策对推动中国畜禽养殖废弃物治理和资源化利用进程起到了重要作用。②

（三）纵向协作关系的建立与作用研究

畜禽废弃物治理中的纵向协作关系是指养殖户在畜禽废弃物资源化利用过程中与废弃物消纳方共同形成的纵向协作链条和合作关系，作为养殖主体和核心治理主体，养殖户能否与废弃物消纳方之间构建稳定、紧密的纵向协作关系会在很大程度上影响治理和资源化利用效率。这种纵向协作关系具体包括了纵向协作对象和纵向协作行为。其中纵向协作对象指周边种植户、有机肥生产经营企业和自家农田。

国外学者有研究揭示，以家庭农场为代表的混合农畜生态系统在降低交易费用上具有显著优势，因此，比较理想的紧密型纵向协作关系是以家庭农场（或表现为自家还田）为主的纵向一体化，这种协作关系在减少搜寻、讨价还价和监督等交易费用等方面都具有优势。③ 但事实上，随着种养关系的日益疏远，多数养殖户很少拥有甚至没有农田，依

---

① 张成福、党秀云：《公共管理学》（修订版），中国人民大学出版社，2007。

② 刘亚洲、纪月清、钟甫宁等：《成本—收益视角下的生猪养殖户死猪处理行为研究——以浙江省嘉兴市为例》，《农业现代化研究》2016 年第 3 期；邬兰娅、齐振宏、黄炜虹：《环境感知、制度情境对生猪养殖户环境成本内部化行为的影响——以粪污无害化处理为例》，《华中农业大学学报》（社会科学版）2017 年第 5 期。

③ S. W. Martinez, Vertical Coordination of Marketing Systems: Lessons from the Poultry, Egg and Pork Industries(Agricultural Economic Report No. 807, 2002)．

靠自身自行消纳畜禽粪污实现养殖场内循环已不具有现实性。这就需要养殖户与周边种植户、有机肥生产商及销售商等下游废弃物资源化消纳方建立起畜禽养殖废弃物资源化利用的纵向协作关系，形成资源化利用的纵向协作链条。

（四）市场化机制的完善与作用研究

市场化是在经济活动中市场机制对资源配置的影响不断加深和增强的过程。具有低成本、高效率和灵活性特征的市场化工具已经成为环境政策工具的重要组成部分。对环境污染与资源浪费并存的畜禽养殖废弃物问题，政府和学界都提出了"市场化机制"的解决思路。2015 年，中共中央、国务院印发的《生态文明体制改革总体方案》明确提出"建立农村环境治理体制机制"，要采取政府购买服务等多种扶持措施，培育发展各种形式的农业面源污染治理、农村污水垃圾处理市场主体。国务院办公厅于 2017 年发布的《关于加快推进畜禽养殖废弃物资源化利用的意见》进一步指出，要形成畜禽粪污处理全产业链，培育壮大多种类型的粪污处理社会化服务组织，实行专业性生产、市场化运营。在系列政策推动下，近年来，中国农业面源污染治理市场主体的培育速度加快，其越来越成为农业面源污染治理的重要力量，畜禽养殖废弃物资源化利用纵向协作关系的建立反映了市场化机制的建立和完善过程。

学界也普遍认同市场化是畜禽养殖废弃物资源化利用行之有效的途径之一，并从不同视角加大对此问题的研究力度。郑微微等从必要性角度指出，资源化利用成本较高、技术存在瓶颈、产品缺乏标准已经成为大部分养殖户特别是中小规模养殖户开展畜禽养殖废弃物治理与资源化利用的瓶颈，因此有必要建立和完善资源化利用相关市场。[①] 郑绸等认为畜禽养殖废弃物市场化利用水平低、市场化进程慢仍是实践现状，具体表现为市场主体缺位、产品市场价值低、供需缺乏有效衔接、市场制

---

① 郑微微、沈贵银、李冉：《畜禽粪便资源化利用现状、问题及对策——基于江苏省的调研》，《现代经济探讨》2017 年第 2 期。

度匮乏等，并结合四川邛崃的成功经验，提出科学界定相关环境产权、培育多元化市场参与主体、健全资源化利用产业链、探索多种市场运作模式等解决思路。① 姚文捷基于浙江省规模生猪养殖户的调研数据，定量分析了养殖户在排污权交易制度下的沼气设施投资意愿及其影响因素，发现养殖规模、沼气池建设情况、沼气发酵效益评价和沼气发酵技术服务是决定养殖户是否进行废弃物资源化利用环保投资的主要因素，并得出将排污权交易制度引入生猪养殖污染治理中是可行的，应由传统的环境容量再分配转变为生产规模再分配的结论。② 郑黄山等通过对福建省南平市养猪户第三方治理费用支付行为进行调查，运用 Logistic 回归模型分析了影响支付行为的关键因素。③ 结果表明，养猪户的支付认识和实际行动之间存在差异，养猪户支付比例普遍偏低，以下因素会对养猪户支付行为产生显著影响且影响程度依次递减：经营类型、受教育程度、户主年龄、养殖资金的外来比例、养殖场面积、养殖净收入。因此，需要通过加强教育引导来增强养殖户的环境意识和责任意识，促进养殖业规模化发展和企业化经营，加快培养新型职业养殖户。

第三节　研究思路、框架和方法

一　研究思路

本章的研究思路与分析框架如下。

首先，基于中国畜禽养殖业和畜禽养殖废弃物治理发展进程，按照加强农村生态文明建设、全面推进乡村振兴和促进经济社会发展全面绿

---

① 郑绸、冉瑞平、陈娟：《畜禽养殖废弃物市场化困境及破解对策——基于四川邛崃的实践》，《中国农业资源与区划》2019 年第 3 期。

② 姚文捷：《排污权交易制度下规模化生猪养殖户沼气设施投资意愿研究》，《黑龙江畜牧兽医》2017 年第 22 期。

③ 郑黄山、陈淑凤、孙小霞等：《为什么"污染者付费原则"在农村难以执行？——南平养猪污染第三方治理中养猪户付费行为研究》，《中国生态农业学报》2017 年第 7 期。

色转型的要求，引出问题研究的必要性。

其次，通过文献综述可以发现，养殖户既是畜禽养殖中的生产主体，也是畜禽养殖废弃物治理主体，对其如何展开行之有效的规制，以推动和引导养殖户自觉实施绿色健康养殖行为，是畜禽养殖废弃物治理的关键。无论是散户还是规模养殖户，都始终以经济利益最大化为追求目标，而养殖废弃物兼具环境污染和资源利用双重属性，所以资源化利用是畜禽养殖废弃物治理的最终出路，其可以促进经济效益、生态效益和社会效益多重目标的实现。政府在畜禽养殖废弃物治理与资源化利用中扮演监督者、组织者、服务购买者等"多重角色"，不断完善政府角色和职能，推动重新构建种植业－养殖业循环发展关系，这是实现畜禽废弃物资源化利用的关键。纵向协作关系的建立和高效运作对畜禽养殖废弃物资源化利用也至关重要，这其中就会涉及周边种植户、有机肥生产经营企业等相关利益主体。此外，培育第三方市场治理主体的速度在加快，其在畜禽养殖废弃物资源化利用中发挥着越来越重要的作用。基于此，本章以农户行为理论、利益相关者理论与多元治理理论等为基础，尝试构建能够实现经济与生态多维耦合目标的畜禽养殖废弃物多元治理体系。

再次，在这一总体分析框架中，本章以广东规模化生猪养殖场为案例，着重研究和实证分析生猪养殖场废弃物治理模式选取的影响因素、决策模式及选择路径。

最后，本章结合案例分析、研究结论及对中国实践探索的讨论，从宏观层面对中国畜禽养殖废弃物治理体系建设和完善提出优化对策建议。

二 研究方法

（一）规范研究与实证研究相结合

本章拟用农户行为理论分析畜禽养殖废弃物治理追求经济与生态多维耦合的合理性；运用利益相关者理论与多元治理理论分析畜禽养殖废

弃物多元化和网络化治理中各主体之间的有效匹配内生关系；以广东规模化生猪养殖场为案例开展实证调查研究，验证规范研究结论，为构建基于经济与生态多维耦合目标的畜禽养殖废弃物多元治理体系提供实证研究支撑。

（二）抽样调查与案例分析相结合

本章设计针对养殖户、周边种植户、政府生态环境部门和农业畜牧业部门及养殖场治理项目建设单位等不同参与主体的调研问卷；通过问卷调查和深度座谈等形式，在广东省内开展调研，采集案例分析和研究所需的一手数据资料。

（三）定性分析与定量分析相结合

本章基于广东省规模化生猪养殖场的调研数据，将养殖场主的个人属性、养殖场经营特征、政府治理以及市场机制等相关因素纳入分析范围，确定影响生猪养殖场废弃物治理模式选择的主要因素，并通过构建模式选择的影响因素指数和建立基于多因素的回归分析模型，对样本生猪养殖场治理模式选择的影响因素与作用机制展开分析，通过定性与定量相结合的分析方式识别生猪养殖场废弃物治理模式选择的影响因素及其作用机制。

三 调研设计

（一）调研对象

理论和实践研究表明，包括生猪养殖在内的畜禽养殖废弃物治理不仅是一个技术问题，也是一个复杂的社会综合问题。在生猪养殖场废弃物治理中，养殖场是治理主体，政府相关部门是监管主体，废弃物资源化利用上下游产业链中的各方是体现纵向协作关系的协作主体（第三方主体），周边受到养殖场污染排放影响的居民也有可能成为利益相关的参与主体。基于此，本章的调研对象包括了样本养殖场，样本养殖场所在地的生态环境部门、农业畜牧业部门，样本养殖场治理项目的建设单位，以及样本养殖场周边居民（见图4-1）。其中，样本养殖场所在地周边居民主要是通过随机抽样方法选取。

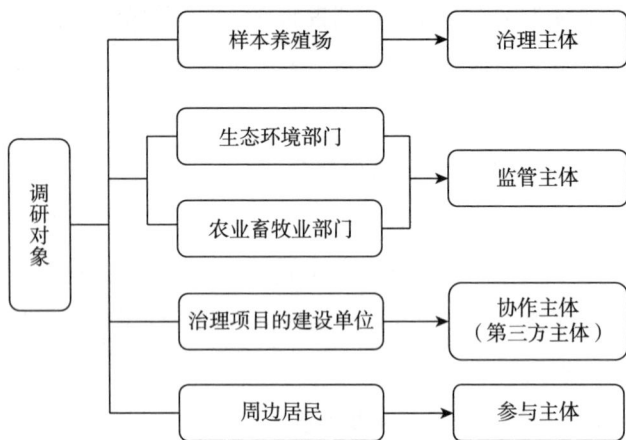

图 4 - 1　调研对象类别与构成

资料来源：笔者自制。

（二）调研方式

本章调研综合采取问卷调查、现场考察、电话访谈等多种方式。其中，针对样本养殖场，采取与养殖场主进行面对面直接问卷调查、访谈及养殖场现场考察的调研方式；针对养殖场周边居民，采取随机选取并现场进行直接问卷调查的方式；针对政府相关部门，包括生态环境部门和农业畜牧业部门，主要采取电子邮件或电话访谈等间接问卷调查的方式；针对项目承包商（治理项目的建设单位），采取直接问卷或间接问卷调查的方式。此外，本章还获取了养殖场（主）的基本信息，包括养殖场的地理信息、废弃物治理工程设施建设的相关数据信息等。

（三）调研内容

本章针对不同调研对象设计了共四类五套问卷，即养殖场主问卷（A 问卷）、养殖场周边居民问卷（B 问卷）、养殖场所在地监管部门问卷（C 问卷、D 问卷）和废弃物治理项目建设单位问卷（E 问卷）（见表 4 - 1）。

第一，针对作为废弃物治理主体的养殖场主，主要调研内容包括废弃物治理项目的经济效益、环境效益、社会效益，以及对治理模式选择的看法、对进一步完善废弃物治理的意见与建议。

第二，针对养殖场周边居民，主要调研内容包括对养殖场开展废弃物治理的环境影响的感受、环境满意度等评价。

第三，针对养殖场所在地监管部门（生态环境部门和农业畜牧业部门），主要调研内容是样本养殖场实施废弃物治理带来的环境质量变化、环境投诉变化，以及所在地养殖业情况及产业规划、对废弃物治理的政策建议等。

第四，针对养殖场废弃物治理项目的建设单位，主要调研内容包括废弃物治理项目的技术路线和运行情况、对不同类型养殖场治理模式选择的意见与建议、废弃物治理项目建设中遇到的困难和进一步提升污染治理效率的意见与建议等。

表 4 – 1　调研问卷类别与内容结构

问卷类别	内容结构
养殖场主问卷	经济效益、环境效益、社会效益，模式选择，意见与建议
养殖场周边居民问卷	对环境影响的感受、环境满意度等评价
养殖场所在地监管部门问卷	样本养殖场实施废弃物治理带来的环境质量变化、环境投诉变化，所在地养殖业情况及产业规划，政策建议，等等
废弃物治理项目建设单位问卷	治理项目的技术路线和运行情况、对治理模式选择的意见与建议、治理项目建设中遇到的困难、提升污染治理效率的意见与建议等

资料来源：笔者自制。

第四节　分析与结论

养殖户、政府、有机肥生产商与销售商、消纳有机肥的种植农户等都是畜禽养殖废弃物资源化利用涉及的参与主体，其中养殖户与政府（中央、地方）是畜禽养殖废弃物治理的责任主体与监管主体，其行为选择和决策会对治理效果产生最直接的关键影响。本节基于广东省生猪养殖场的调研数据，通过构建模式选择的影响因素指数和建立基于多因素的回归分析模型，以定性与定量相结合的方式识别生猪养殖场废弃物治理模式选择的影响因素及其作用机制，得出持续的环境规制将显著影响养殖场主治理模式选择、经济与生态多维耦合是治理模式追求的重要目标、多主体协调将有助于治理效果持续改善等主要结论。

一　广东生猪养殖业与污染治理状况

广东不仅是工业大省，其包括畜牧业在内的农业也占有重要地位，畜牧业产值、肉类产量、生猪出栏量、家禽出栏量等指标均位居全国前列。近年来，广东生猪生产平稳健康发展，标准化、规模化、绿色化养殖持续推进，有效保障了广大城乡居民及港澳地区"菜篮子"供应和农民增收致富。2019 年，广东生猪出栏 2940.2 万头，猪肉产量 221.9 万吨，占全国生猪出栏头数和猪肉总产量的比例分别为 5.40% 和 5.21%；2019 年底，全省生猪存栏量 1333.8 万头，占全国的 4.29%。① 2020 年底，全省生猪存栏量 1767.3 万头，比 2019 年同期增长 32.5%，生猪存栏量恢复至 2017 年的 83%。②

多年来，广东不断加大农业面源污染治理力度，持续推动农业投入品减量化、生产清洁化、废弃物资源化、产业模式生态化，农业资源利用与生态环境保护取得显著成效。但由于资源开发强度大、生产经营方式不合理、历史欠账多等，农业面源污染治理压力仍非常大。从第一次全国污染源普查结果看，畜禽粪污、化肥、农药、秸秆、生活垃圾、生活污水和农田尾水等农业废弃物是广东省农业面源污染的主要来源。农业污染源化学需氧量排放量和氨氮排放量分别占到全省总排放量的 31.7% 和 24.9%。其中，种植业和畜牧养殖业化学需氧量排放量占农业总排放量的 81.29%，氨氮排放量占农业总排放量的 93.79%。在畜牧产业的排放量中，生猪养殖业化学需氧量排放量占比 61.77%，氨氮排放量占比 90.55%。

---

① 数据来源：《中国统计年鉴 2020》。
② 《2020 年广东省生猪产销形势分析》，广东省农业农村厅网站，2021 年 1 月 15 日，http://dara.gd.gov.cn/cxxsfx/content/post_3177496.html。

随着人们生活水平的提高和居民消费习惯的改变，广东猪肉消费需求逐步进入"量稳质升"的新阶段，这对生猪产业绿色高质量发展提出了更严要求。《广东省推进农业农村现代化"十四五"规划》提出，要坚持转方式促转型，推动小散养殖向标准化机械化规模养殖转型、粗放养殖向绿色科学养殖转型、小型屠宰厂（场）向现代化屠宰企业转型、调活猪向调肉品转型。要实施生猪标准化规模化养殖提升行动，确保规模养殖比例在80%以上，生猪年出栏3300万头以上，猪肉自给率稳定在70%以上，畜禽粪污综合利用率超过80%。生猪养殖绿色发展是畜禽养殖产业转型升级的必然趋势，我们既要保"餐桌供应"，也要保"环境安全"。坚持以保供给与保生态并重为原则，推动生猪产业加快转型升级和绿色发展，已经成为广东及国内其他养殖业主产区面临的重大现实问题。

二　样本数据与特征分析

（一）调研样本选择

本节以全国生猪生产和消费大省广东为例，选取纳入世界银行贷款广东农业面源污染治理项目的126家（见表4-2）典型生猪养殖场作为问卷调查和访谈样本。为最大限度保障研究结论的全面性和客观性，在样本选择过程中充分考虑了所在区域、养殖规模、废弃物治理模式等因素。其中，在区域分布上，位于珠三角地区、东翼、西翼和山区四个不同地区的样本养殖场分别有21家、30家、37家和38家；在废弃物治理模式上，世行项目根据广东各地区资源禀赋特征、生猪养殖业发展情况、技术可行性和先进性及试点养猪场的实际情况等综合考虑，主要推广三种生猪养殖废弃物治理与资源化利用模式，具体包括能源环保型、能源生态型和高床发酵型。调研样本涵盖了全部三种模式，其中有能源环保型64家、能源生态型59家和高床发酵型3家，在调研访谈时间段，所有样本养殖场的废弃物治理项目均已完成建设并正常运行。调研在对全部126家样本养殖场基本信息数据进行采集的基础上，对其中

25 家养殖场进行了包括一对一访谈的深度调查，为研究提供了丰富的一手数据资料。

（二）治理行为特征

调研显示，样本养殖场通过废弃物治理项目建设与运行，产生了良好的环境效益、经济效益和社会效益，具有一定的经济与生态耦合性。

表 4 - 2　养殖场样本分布情况

单位：家

地区	能源环保型	能源生态型	高床发酵型	合计
珠三角	6	15	0	21
东翼	18	12	0	30
西翼	18	19	0	37
山区	22	13	3	38
合计	64	59	3	126

注：根据《广东统计年鉴》的划分，珠三角地区包括广州、深圳、珠海、佛山、江门、东莞、中山、惠州和肇庆 9 市；东翼地区包括汕头、汕尾、潮州和揭阳 4 市；西翼地区包括湛江、茂名和阳江 3 市；山区包括韶关、河源、梅州、清远和云浮 5 市。

资料来源：笔者自制。

1. 产生了显著的环境效益

无论是从污染物总量还是从环境满意度来看，通过废弃物治理项目建设与运行，养殖场范围内及周边区域的环境都得到较大幅度的改善。从对周边居民环境满意度问卷调查的结果来看，废弃物治理项目建设运营后，周边居民普遍反映环境质量获得了较大幅度提升，水环境改善尤为明显；养殖场主的反馈也同样印证，与废弃物治理项目建设之前相比，项目建设后养殖场接到的环保投诉大幅减少。

2. 产生了良好的经济效益

废弃物治理项目建设重塑了"种养"循环发展的经济关系。尽管多数治理项目建设的主要目标是实现污染减排而非获取经济收益，但项目运营产生的经济附加效应却实实在在体现在部分治理项目当中，如沼气发电、堆肥和有机肥收益,又如高床发酵型养殖场在水费节约、饲料节约、土地节约等方面均产生了较大的经济效益。

3. 产生了积极的社会效益

生猪养殖场主普遍认为项目建设对养殖场品牌和形象的树立具有积极的促进作用,甚至可以提升整个养猪行业的形象;部分养殖场的废弃物治理项目建设获得了政府在技术培训指导、经济激励、绿色产品认证等相关政策方面的扶持和支持;另外,废弃物治理项目建设对其他养殖场和从业者产生了良好的示范带动作用;更为重要的是,通过开展废弃物治理,养殖场主环境认知和环境态度获得了提升,从根本上改变了养殖场主的环境行为。

三　样本养殖场废弃物治理模式选择及其影响因素分析

(一) 样本养殖场废弃物治理模式的主要类型

孔祥才总结了中国对畜禽粪便进行处理的主要模式,共包括五种:一是不做处理直接向环境中排放,这种方式对环境造成的影响和污染最为严重;二是直接还田或简单堆肥发酵后还田,这种方式也往往会因为处理不充分而存在对土壤及其上生长的农作物产生污染的风险;三是直接出售养殖粪肥给农户或有机肥生产企业;四是制成沼气自用或上网发电;五是制成有机肥自用或出售。[①] 实现资源化利用是未来畜禽粪污处理的主要方向,刘春等从资源化利用角度出发,将畜禽粪污利用模式分为三种:第一种是肥料化利用,这也是畜禽粪便最广泛的资源化利用方式;第二种是能源化利用,最常见的是沼气供热或发电;第三种是饲料化利用,例如经过处理转化后作为水产生产的饲料。[②]

选择何种畜禽养殖废弃物治理模式是养殖户开展环境治理决策行为

---

① 孔祥才:《畜禽养殖污染的经济分析及防控政策研究》,博士学位论文,吉林农业大学,2017。

② 刘春、刘晨阳、王济民等:《我国畜禽粪便资源化利用现状与对策建议》,《中国农业资源与区划》2021 年第 2 期。

的具体体现，科学合理的废弃物治理模式是实现畜禽养殖废弃物治理及资源化利用目标的关键。近年来，尽管遭遇了非洲猪瘟等影响生猪生产的不利因素，但在将绿色发展作为实施乡村振兴战略重要引领的理念指导下，以环保倒逼和牵引生猪产业绿色转型发展的态势没有改变，国家大力推进畜禽养殖废弃物治理和资源化利用工作，直接排放与直接还田等对环境危害极大的畜禽养殖废弃物处理方式已被禁止。对畜禽养殖废弃物采用环境友好型治理模式，将生态环境影响降至最低，是畜牧业高质量发展的内在要求。

世行项目从资源化利用角度出发，依据《畜禽粪污资源化利用行动方案（2017—2020 年)》所提出并重点推广的五种畜禽粪污治理技术方式，结合广东全省各区域资源禀赋特征和各试点养殖场自身特点，将项目内养殖场的废弃物治理模式分为三种——能源生态型、能源环保型和高床发酵型，这三种模式均属于环境友好型生猪养殖废弃物治理模式。本章所说的样本养殖场废弃物治理模式选择，是指养殖场主依据实际状况对上述三种治理模式的具体选择和运用。下面对这三种模式的具体特征和运行流程做进一步阐释描述。

能源生态型废弃物治理模式的主要目标是要实现"粪污全量收集还田利用""粪水肥料化利用"。主要流程是养殖污水经过厌氧发酵或氧化塘处理和沉淀后，与灌溉用水按一定比例通过水肥一体化施用方式还田利用，固体畜禽粪便则采用堆肥发酵方式转化成有机肥就近肥料化利用、集中销售或处理。[①] 该模式适用于那些周边有适当的农地、鱼塘和水生植物塘作为消纳地的养殖场，它以生态农业为指导理念，通过养殖场和种植区的协作完成循环利用过程，最终实现养殖废弃物的"零排放"（见图 4-2）。

能源环保型废弃物治理模式的主要目标是要实现"污水达标排

---

① 李文见：《基于经济与环境双赢的生猪养殖废弃物治理模式研究》，硕士学位论文，广东省社会科学院，2020。

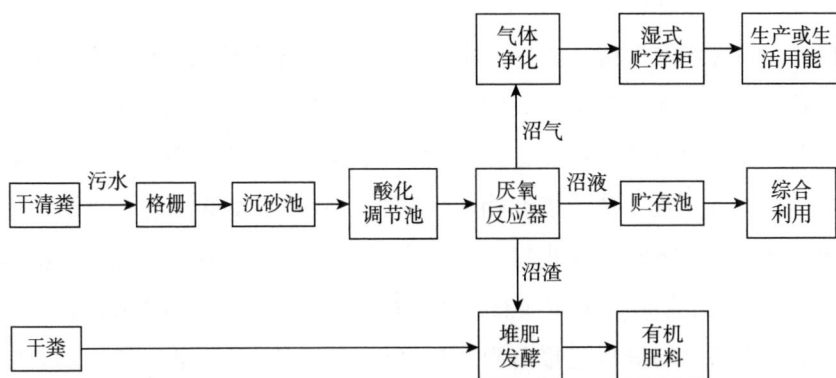

图 4 - 2 能源生态型废弃物治理模式

放"。主要流程是采用厌氧发酵与好氧处理等组合工艺对养殖污水进行深度处理，经处理后的污水达到国家或更为严格的地方标准后直接排放或循环利用，固体粪便同样是采用堆肥发酵方式转化成有机肥就近肥料化利用、集中销售或处理（见图 4 - 3）。因为不需要大型污水贮存池及大量消纳土地，所以该模式主要针对土地资源相对紧缺，周边既无一定规模的农田，又无闲暇空地可供建造鱼塘和水生植物塘的养殖场。但相对能源生态型废弃物治理模式，因对处理工艺的要求和排放标准都更高，所以处理成本也相应提高了。

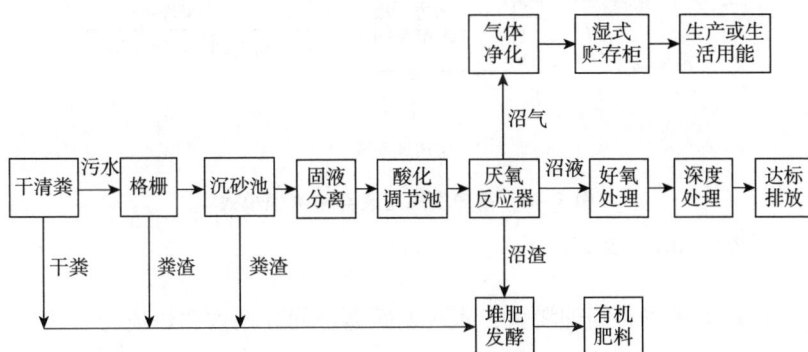

图 4 - 3 能源环保型废弃物治理模式

高床发酵型废弃物治理模式同时也是一种新型养殖模式，其将生猪养殖与废弃物治理结合起来，核心是从异位发酵床技术模式演变而来的高架发酵床技术模式。[①] 在中国东南沿海地区，常年气温偏高，空气湿度大，同时水网密集区域多，耕地面积少，环境负荷高。经过多年实践探索，广东等地区将异位发酵床技术模式与粪便垫料回用技术模式优化组合，发展出一种适合当地气候特征、地理环境、资源禀赋及经济发展水平的生态高效养殖与废弃物治理模式，即高床发酵型废弃物治理模式。这种废弃物治理模式将猪舍分为两层结构，其中上层用于生猪养殖，下层用于垫料发酵制成有机肥。养猪的地面采用全漏缝式地板，生猪排泄物通过漏缝板直接落到下层垫料上。垫料经过半年至一年的发酵、翻耙和分解腐熟后，加工制成有机肥或农家肥销售或集中处理。同时，为解决湿度、温度和臭气问题，猪舍会相应安装通风设备及臭气处理设施等，保证垫料的正常发酵和生猪正常生产（见图4-4）。

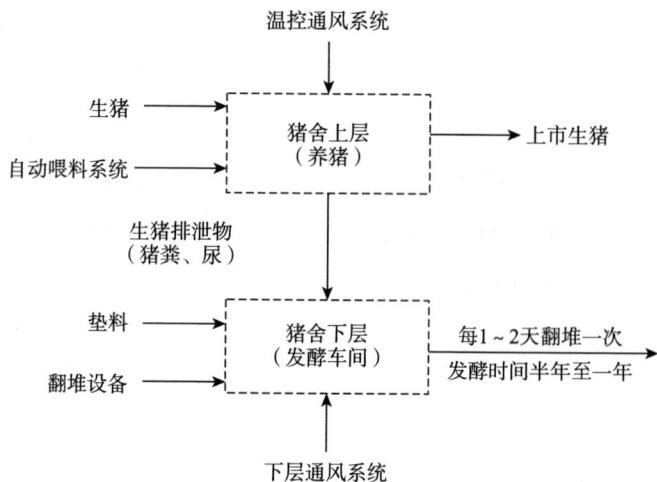

图4-4 高床发酵型废弃物治理模式

资源来源：笔者自制。

针对上述三种治理模式，本次调研通过问卷调查和访谈的方式采集了样本养殖场主对其所选择的具体治理模式的看法。结果表明，全部样

---

① 李文见：《基于经济与环境双赢的生猪养殖废弃物治理模式研究》，硕士学位论文，广东省社会科学院，2020。

本养殖场主对当前采用的治理模式都有着相当高的认可度，其中，有42.9%的养殖场主对治理模式表示非常认可。究其具体原因，有85.7%的养殖场主认为所采用的治理模式对环境效益有显著提升作用，养殖场及周边的环境得到显著改善；66.7%的养殖场主认为采取合适的治理模式强化废弃物治理是未来行业发展的大趋势；还有28.6%的养殖场主认为所选取的治理模式可以带来附加的经济收益（见图4-5）。

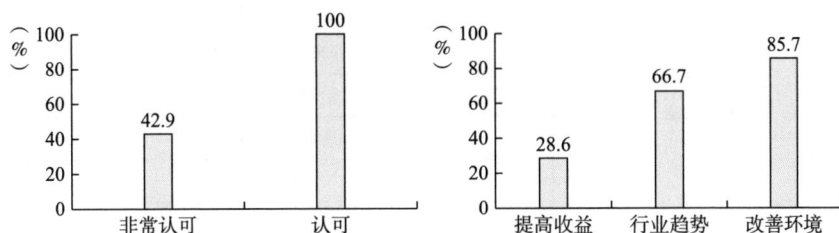

图4-5　样本养殖场主对废弃物治理模式的认可度与原因

资料来源：笔者自制。

（二）样本养殖场治理模式选择的影响因素分析

根据相关理论、文献综述和实地调研结果综合分析，本章发现内外两方面的因素对生猪养殖场主具体选择何种生产和治理模式产生影响。其中，内部因素是与养殖场和治理模式本身息息相关的，如养殖规模、资金投入、治理的综合效果等。外部因素则主要是指外在环境与条件，如政府规制与引导政策、养殖场所在地区的资源环境禀赋特征以及经济社会条件等。具体的政府规制与引导政策包括养殖场所在地区的环保政策、养殖产业发展规划、激励与约束政策等，资源环境禀赋特征包括养殖场所在地区的资源环境承载力、土地成本、种植业规模及结构类型等，经济社会条件包括当地人口密集程度、人均收入水平、风俗习惯等。

具体到本案例的研究，通过文献调研、问卷调查、实地访谈、专家意见征询等方式，结合指标可获取性，最终确定了11个主要因素用以评价其对样本养殖场废弃物治理模式选择的影响。其中，内部因素包括养殖场规模、养殖场资金实力、治理前期投入、后期运维成本、治理效果、治理附加经济收益；外部因素包括养殖场地理位置、所在地环保要求、所在地对养殖业的支持程度、周边消纳土地的面积和租用价格，如表4-3所示。

表4-3　样本养殖场废弃物治理模式选择的影响因素

因素分类 （一级指标）	影响因素 （二级指标）
内部因素	养殖场规模
	养殖场资金实力
	治理前期投入
	后期运维成本
	治理效果
	治理附加经济收益
外部因素	养殖场地理位置
	所在地环保要求
	所在地对养殖业的支持程度
	周边消纳土地的面积
	周边消纳土地的租用价格

资料来源：笔者自制。

根据问卷和指标设计，本次调研要求养殖场主从 11 个影响因素中选择 5 个最重要的影响因素，并按照重要程度对其进行排序。排序结果可以直观反映各影响因素在养殖场主心目中的重要等级。为更加科学地计算各影响因素对所有样本养殖场的重要程度，本章构建了模式选择的影响因素指数，按以下公式计算：

$$IF_n = C_n \times S_n \tag{4-1}$$

其中，IF_n 为第 n 个影响因素的指数得分；C_n 为第 n 个影响因素被选择次数占比；S_n 为第 n 个影响因素重要性得分（无量纲）。

根据上式，可以得出 11 个影响因素的指数得分（见图4-6）。依据结果综合来看，最重要的三个影响因素是所在地环保要求、养殖场地理位置和治理效果。最不重要的三个影响因素则是治理前期投入、周边消纳土地的租用价格和治理附加经济收益。这一排序结果显示，与具体治理模式的经济投入相比，养殖场主对当地产业环境规制力度、养殖场所处的地理位置以及该模式能够实现的治理效果更为关注，即治理要求和治理效果是决定养殖场主是否选择该模式的重要影响因素。

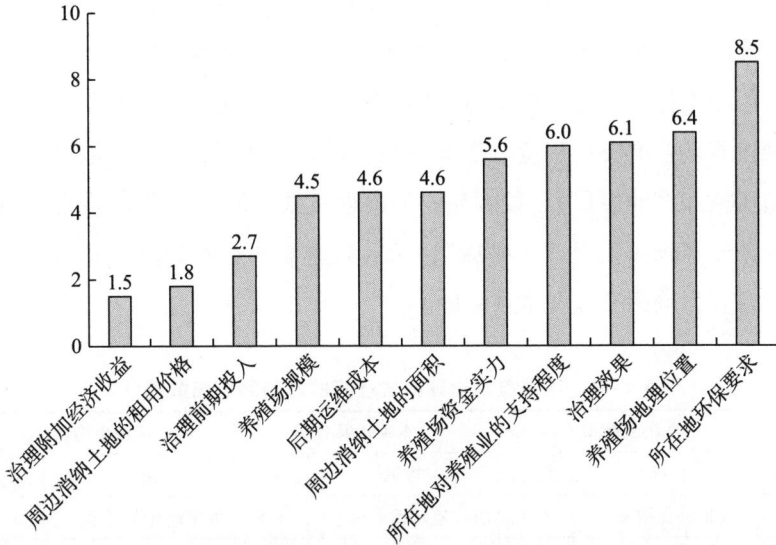

图 4 – 6　模式选择影响因素指数得分

资料来源：笔者自制。

分类别来看，在能源环保型、能源生态型和高床发酵型三种不同治理模式下，养殖场主对上述 11 项影响因素重要程度的判断亦有所不同。对采用高床发酵型治理模式的养殖场主而言，最重要的四个影响因素包括所在地环保要求、养殖场资金实力、养殖场地理位置和治理效果。对采用能源环保型治理模式的养殖场主而言，最重要的四个因素分别为所在地环保要求、治理效果、养殖场地理位置和所在地对养殖业的支持程度。对采用能源生态型治理模式的养殖场主来说，最重要的四个影响因素则分别为所在地环保要求、周边消纳土地的面积、养殖场规模和养殖场资金实力。由此可见，所在地环保要求在三种治理模式中均被作为最重要的影响因素，除此之外，养殖场资金实力、养殖场地理位置、治理效果、所在地对养殖业的支持程度、周边消纳土地的面积、养殖场规模等也是养殖场主选择治理模式时主要考虑的关键因素。相对于其他两种模式，以新型生态养殖技术为核心的高床发酵型治理模式往往在场房建设等前期环节需要巨大资金投入，且需要一定的养殖规模和产量以达到规模生产效应，所以养殖场资金实力是对其的选择的重要影响因素之一；能源环保型治理模式，因为存在排放环节，需要严格按照环保部门批复的出水标准实现达标排放，所以相对更加关注养殖场地理位置和所在地对养殖业的支持程度（若无环境容量，当地会更加严格地控制生猪养殖规模和产业发展）；能源生态型治理模式，因为需要足够的土地消纳养殖废弃物以实现"零排放"，所以周边消纳土地的面积是对其的选择的重要影响因素（见表4-4）。

表4-4　不同类别治理模式选择的影响因素指数得分

序号	高床发酵型		能源环保型		能源生态型	
	指标	得分	指标	得分	指标	得分
1	所在地环保要求	1.5	所在地环保要求	3.5	所在地环保要求	3.0
2	养殖场资金实力	1.2	治理效果	3.5	周边消纳土地的面积	2.9
3	养殖场地理位置	1.1	养殖场地理位置	3.2	养殖场规模	2.8
4	治理效果	1.0	所在地对养殖业的支持程度	2.8	养殖场资金实力	2.6
5	养殖场规模	1.0	后期运维成本	1.7	后期运维成本	2.0
6	后期运维成本	0.8	养殖场资金实力	1.7	所在地对养殖业的支持程度	1.5
7	治理前期投入	0.8	周边消纳土地的面积	1.0	治理效果	1.5
8	所在地对养殖业的支持程度	0.8	周边消纳土地的租用价格	0.7	治理前期投入	1.3
9	治理附加经济收益	0.6	养殖场规模	0.6	养殖场地理位置	1.1
10	周边消纳土地的面积	0.5	治理前期投入	0.4	周边消纳土地的租用价格	0.9
11	周边消纳土地的租用价格	0	治理附加经济收益	0.4	治理附加经济收益	0.3

资料来源：笔者自制。

(三) 模型设计与模型计算结果

为进一步定量识别和分析不同因素对治理模式选择的影响,本章建立了多元 Logistic 回归模型,对 126 家样本养殖场进行统计分析,来定量研究各因素对治理模式选择的影响。

$$P(y = 1 \mid x) = \pi(x) = \frac{1}{1 + e^{-g(x)}} \qquad (4-2)$$

$f(x) = \dfrac{1}{1 + e^{-x}}$ 称为 Logistic 函数。式 (4-2) 中 $g(x) = w_0 + w_1 x_1 + \cdots + w_n x_n$,那么在 x 条件下 y 不发生的概率为:

$$P(y = 0 \mid x) = 1 - P(y = 1 \mid x) = 1 - \frac{1}{1 + e^{-g(x)}} = \frac{1}{1 + e^{g(x)}} \qquad (4-3)$$

所以事件发生与不发生的概率之比为:

$$\frac{P(y = 1 \mid x)}{P(y = 0 \mid x)} = \frac{p}{1 - p} = e^{g(x)} \qquad (4-4)$$

这个比值称为事件的发生比 (the odds of experiencing an event,简记为 odds)。对 odds 取对数得到:

$$\ln\left(\frac{p}{1 - p}\right) = g(x) = w_0 + w_1 x_1 + \cdots + w_n x_n \qquad (4-5)$$

假设有 m 个观测样本,观测值分别为 y_1,y_2,$\cdots$,y_m,设 $p_i = P(y_i = 1 \mid x_i)$ 为给定条件下得到 $y_i = 1$ 的概率,同样地,$y_i = 0$ 的概率为 $P(y_i = 0 \mid x_i) = 1 - p_i$,所以得到一个观测值的概率为:

$$P(y_i) = p_i^{y_i}(1 - p_i)^{1 - y_i} \qquad (4-6)$$

因为各个观测样本之间相互独立,所以它们的联合分布为各边缘分布的乘积。得到似然函数:

$$L(w) = \prod_{i=1}^{m} [\pi(x_i)]^{y_i}[1 - \pi(x_i)]^{1 - y_i} \qquad (4-7)$$

然后求出使这一似然函数的值最大的参数估计,最大似然估计就是求出参数 w_0,w_1,$\cdots$,w_n,使得 $L(w)$ 取得最大值,对函数 $L(w)$

取对数得到：

$$\ln L(w) = \sum_{i=1}^{m} (y_i \ln[\pi(x_i)] + (1 - y_i) \ln[1 - \pi(x_i)]) \qquad (4-8)$$

继续对 $n+1$ 个 w_i 分别求偏导，得到 $n+1$ 个方程，比如现在对参数 w_k 求偏导，由于：

$$(y_i \ln[\pi(x_i)] + (1 - y_i) \ln[1 - \pi(x_i)])' \qquad (4-9)$$

$$= \frac{y_i}{\pi(x_i)} \cdot [\pi(x_i)]' + (1 - y_i) \cdot \frac{-[\pi(x_i)]'}{1 - \pi(x_i)}$$

$$= \left[\frac{y_i}{\pi(x_i)} - \frac{1 - y_i}{1 - \pi(x_i)}\right] \cdot [\pi(x_i)]'$$

$$= [y_i - \pi(x_i)]g'(x)$$

$$= x_{ik}[y_i - \pi(x_i)]$$

所以得到：

$$\frac{\partial \ln L(w_k)}{\partial w_k} = \sum_{i=1}^{m} x_{ik}[y_i - \pi(x_i)] = 0 \qquad (4-10)$$

这样的方程一共有 $n+1$ 个，所以问题转化为解这 $n+1$ 个方程形成的方程组，该方程组可用牛顿 – 拉夫森迭代法求解，黄兴柱、曲绍旭等在相关研究文献中有详细介绍。[1] 王海霞，陈燕、杨义东等学者在农户技术选择、环境污染治理等相关领域研究中对该方法有深入应用。[2]

根据上文分析，所在地环保要求、养殖场地理位置、治理效果、所在地对养殖业的支持程度、养殖场资金实力，以及分类别观察时的养殖场资金实力和养殖场规模等，是养殖场具体选择何种治理模式的最主要影响因素。在这些因素中，所在地环保要求和养殖场地理位置都反映了养殖场主对所在地政府环境规制力度的关注，环境规制力度与资源环境

---

[1] 黄兴柱：《基于多元 logistic 回归模型的房地产预警研究》，硕士学位论文，济南大学，2012；曲绍旭：《城乡社会保障统筹制度的实证研究——基于农村社会保险的多元 logistic 回归分析》，《中国经济问题》2013 年第 6 期。

[2] 王海霞：《江苏省种粮农户农业技术需求的影响因素研究》，硕士学位论文，南京农业大学，2009；陈燕、杨义东：《基于多元回归分析的中国出口贸易额与环境污染的模型建立》，《生态经济》2015 年第 6 期。

承载力和环境容量密切相关，相关文献也指出资源环境承载力是影响养殖废弃物治理模式选择的重要因素。[①] 为便于量化研究，本章用所在地环境容量代表所在地环保要求和养殖场地理位置这两个影响因素。根据《广东省主体功能区规划》，广东全省被分为五种类型的主体功能区，即优化开发区域、重点开发区域、生态发展区域（重点生态功能区）、生态发展区域（农产品主产区）和禁止开发区域。本章据此识别出样本养殖场所在区域的主体功能区类别，并结合前期调研数据，赋予其不同数值，数值越大表明环境容量越大，反之表明环境容量越小。经过这样处理之后，结合问卷打分主观统计分析，对环境容量、养殖规模（存栏量）、土地成本、规划目标和城镇距离（养殖场与中心城镇的距离）等5个因素做进一步分析。

为研究这5个影响因素对治理模式选择的重要程度，本章分别针对这5个影响因素构建了逐一回归模型。结果表明，与模式选择相关的自变量中，线性相关度由高到低依次为养殖规模、土地成本、环境容量、城镇距离、规划目标（见表4-5）。鉴于城镇距离和规划目标对因变量（模式选择，下同）的影响相对较小，本章主要考虑养殖规模、土地成本和环境容量这3个重要变量对模式选择的影响程度。结果表明，环境容量与因变量呈负相关，土地成本和养殖规模与因变量呈正相关。以环境容量为参考，土地成本与因变量的相关程度是其1.842倍，养殖规模与因变量的相关程度是其5.421倍。因此，从回归模型可以识别出，养殖规模是治理模式选择的最重要影响因素，其次是土地成本，再次是环境容量。

为进一步研究各自变量内部不同状况对模式选择的影响大小，本章对部分自变量进行了分级处理，即将养殖规模以10000为梯度等级，划分为5级；土地成本以2000为梯度等级，划分为5级；将环境容量由

---

① 胡浩、郭利京：《农区畜牧业发展的环境制约及评价——基于江苏省的实证分析》，《农业技术经济》2011年第6期；姚升、王光宇：《基于分区视角的畜禽养殖粪便农田负荷量估算及预警分析》，《华中农业大学学报》（社会科学版）2016年第1期。

表 4 – 5　废弃物治理模式选择影响因素的多元回归分析

类别	非标准化系数		标准系数	显著性
	B	标准误差		
模型 1				
（常量）	1.379	0.279		0
环境容量	– 0.037	0.034	– 0.103	0.267
规划目标	– 0.011	0.039	– 0.025	0.785
城镇距离	0.038	0.051	0.064	0.459
土地成本	0.067	0.047	0.136	0.154
养殖规模	0.197	0.059	0.294	0.001
模型 2				
（常量）	1.34	0.238		0
环境容量	– 0.037	0.033	– 0.103	0.266
城镇距离	0.037	0.05	0.064	0.46
土地成本	0.07	0.045	0.143	0.022
养殖规模	0.201	0.058	0.299	0.001
模型 3				
（常量）	1.403	0.222		0
环境容量	– 0.038	0.033	– 0.105	0.256
土地成本	0.07	0.045	0.141	0.025
养殖规模	0.206	0.057	0.307	0
模型 4				
（常量）	1.184	0.114		0
土地成本	0.051	0.042	0.103	0.031
养殖规模	0.207	0.057	0.308	0
模型 5				
（常量）	1.263	0.093		0
养殖规模	0.207	0.057	0.309	0

小到大分为 9 个等级，等级值越小，表明环境容量越小，等级值越大，表明环境容量越大。由于高床发酵型样本较少，在该回归模型中未将其纳入。结果表明，对于能源生态型模式来说，较低的土地成本、较小的养殖规模和较大的环境容量对该模式选择的影响最大；对于能源环保型

模式来说，较高的土地成本、较大的养殖规模和较小的环境容量对该模式选择的影响最大。上述结论揭示了养殖规模、土地成本和环境容量这三大主要因素对生猪养殖废弃物治理模式选择的影响机制：较小养殖规模、较低的土地成本和较大的环境容量更适合选择能源生态型治理模式；较大养殖规模、较高的土地成本和较小的环境容量则更适合选择能源环保型治理模式。

四　主要结论

（一）环境规制显著影响养殖场主治理模式的选择

本章分析了影响生猪养殖场废弃物治理模式选择的主要因素，这些因素对不同模式选择的影响不同。在依据调研问卷和实地访谈进行的主观分析中，所在地环保要求、养殖场地理位置、治理效果等三个因素的重要性在模式选择影响因素中居于前三位。治理前期投入、周边消纳土地的租用价格、治理附加经济收益的重要性居于后三位。事实上，前三重要的影响因素均与地方政府的环境规制政策有关。加上紧随其后的所在地对养殖业的支持程度这一因素，这些在一定程度上反映的是政府角色及政府规制和引导政策的重要作用。这表明，相对于不同治理模式的经济投入，样本生猪养殖场主更加关注所在地的环境规制力度大小和产业发展规划引导。所以，环境规制政策是当前生猪养殖废弃物治理的重要外在动力，在积极的产业发展规划引导下，养殖产业绿色化转型是发展的必然趋势。

（二）经济与生态耦合是治理模式选择的重要目标

通过构建 Logistic 回归模型，将所在地环保要求和养殖场地理位置用环境容量表征，定量分析进一步得出养殖规模、土地成本和环境容量对能源生态型和能源环保型两种治理模式的选择的不同影响程度和作用机制。能源生态型模式对养殖规模较小的养殖企业、土地成本较低和环境容量较大的地区更加适用，而能源环保型模式则更适用于养殖规模较大的养殖企业、土地成本较高和环境容量较小的地区。从经济和生态的角度，还可以将影响治理模式选择的各主要因素进一步归纳为三个方面，即经济成本、经济收益和环境效益。经济收益是指养殖场主在开展环境治理过程中产生的额外收益，主要包括沼气发电、堆肥（有机肥）收益等。通过调研发现，经济收益在养殖场主进行模式选择时的影响作用有限，所以经济成本和环境效益对养殖场主治理模式选择产生重要影响。经济成本反映了养殖场主开展环境治理所进行的经济投入，又可以分为内部成本和外部成本，内部成本包括养殖场主本身开展环境治理所投入的成本，这个成本基本不受外界影响，主要为一次性投入成本和运营维护成本等；外部成本包括养殖场主进行废弃物运输和还田产生的成本，例如租赁消纳土地的成本。可见，外部成本主要受到周边土地稀缺性影响较大，周边土地越稀缺，租赁成本就越高。除了经济成本外，环境质量改善的效益也是养殖场主重点考虑的。环境效益中还存在一个环境风险问题，就是在进行废弃物处理过程中可能对内部或者外部产生的不利环境影响，如处理不彻底导致的环境污染以及沼液渗漏、臭气溢出等。高环境风险往往意味着养殖场主会受到来自周边居民的环保投诉和高频次的环境监测等的压力，环境风险与环境容量紧密相关。尽管高床发酵型、能源环保型和能源生态型三种治理模式对经济成本和环境风险的敏感性不同，但是，作为废弃物治理的主体，养殖场（户）要实现可持续发展，必须同时实现成本可接受和环境风险可控的目标。也就是说，只有那些经济效益和环境效益能够同时耦合以实现治理目标的废弃物治理模式，才会被养殖场主主动选择和实施。

（三）多主体协同是治理效果持续改善的重要推力

调研显示，生猪养殖场在开展废弃物治理的过程中，不仅优化了种养关系，还初步构建了养殖业废弃物资源化利用的利益共同体。当前，养殖业存在环境污染问题的原因有两种，一是"种养"脱节，二是资源化程度不足。养殖业和种植业的经济利益没有联系起来，有价值的废弃物因为没有渠道还田，在造成资源浪费的同时，也成为养殖场的环境负担，带来较大的环境风险；资源化利用的各参与主体同样没有通过经济纽带联系起来。这些问题存在的重要原因是养殖业主体、种植业主体之间没有产生固定的经济利益纽带，没有形成以经济利益为纽带的利益共同体。生猪养殖场通过开展废弃物治理项目，接受了政府监管、补贴和技术指导，促进了自身废弃物资源化利用水平的提升，从而在废弃物治理和资源化利用方面"有利可图"，促进了自身与周边居民（种植主体）等利益相关者之间的互动，有利于搭建互惠共赢的废弃物资源化利用"关系网络"。

第五节　对策建议

本节基于前文的理论基础、文献综述及实证分析结论，结合中国畜禽养殖废弃物治理现状及未来高质量发展趋势，站位多元治理视角，提出要持续推动畜禽养殖废弃物治理目标多维耦合化、治理工具多元组合化、治理体系多层网络化以及纵向协作关系紧密化等对策和建议，努力提升畜禽养殖废弃物治理能力和治理体系现代化水平。

一　持续推动治理目标多维耦合化

对一种政策效果的判断标准中，重要的一条是其政策目标是否得以实现以及实现的程度有多少。而政策目标本身又必须具备科学性、系统性、完整性、可行性及一致性等属性。[①] 一致性和完整性是政策目标本身的必然属性，尽管畜禽养殖废弃物治理政策目标呈现逐步明晰化趋势并得到有效完善，但仍有不一致和不完整之处，缺乏完整性和衔接性。从已出台的政策文件看，"十三五"时期以来，"粪污处理设施装备配套率""养殖废弃物综合利用率"是最重要的两项约束性定量指标。这本应是两个相辅相成、相互促进的目标指向，畜禽养殖废弃物利用率不

---

① 金书秦、韩冬梅、吴娜伟：《中国畜禽养殖污染防治政策评估》，《农业经济问题》2018 年第 3 期。

仅与处理设施装备的设计处理能力有关，更与日常运行管理情况密切相关，有了处理设施装备后，还要实现其有效运转，才能保障治理目标的达成。根据对生猪养殖场的实地调研观察，处理设施装备除了在建设初期需要大量一次性投入外，包括药剂和垫料等物耗成本、人工成本、电费及维修费用等在内的后期运营维护成本也非常高，这是养殖场治理模式选择的重要影响因素。在长期"重设施建设轻运行监管"的情况下，"粪污处理设施装备配套率"的达标并不一定能带来"养殖废弃物综合利用率"的有效提升。

畜禽养殖废弃物治理具有正外部效应，能带来环境效益、社会效益和经济效益等综合效益的提升。近年来，相关政府部门通过制定政策、加强规划、技术指导、项目建设等方式逐步推进畜禽养殖废弃物治理工作，并取得显著效果。但是，由于政府相关部门出台的大部分政策主要是以农村环境质量改善为首要目标，对政策实施产生的经济、社会等方面综合效果考虑不够充分或相对关注较少，部分养殖场只是被动而非主动承担环境治理主体责任，在废弃物治理上尽量选择前期一次性投入较低的方案或者是完成政府规定的最低标准设施建设动作，在没有经济激励政策扶持或没有经济利益诱导的情况下，对处理设施装备的后期运行和维护往往投入不足，这不仅导致养殖废弃物治理项目投资建成后出现闲置，造成资源上的浪费，也极大地影响了预期环境目标的实现，进而大大降低了养殖业污染防治政策实施的综合效果。与此同时，当前政策目标的责任主体以养殖场（户）为主，但是我国缺乏在全面考虑综合治理效益的基础上，在相关种植业、有机肥产业、农业能源等领域提升与激发治理经济效益和治理主动性的配套政策，这最终也使得政策实施的效果大打折扣。

我国应不断推动畜禽养殖废弃物资源化利用实现环境效益、经济效益和社会效益等方面多项子目标耦合发展，追求"多赢"而非"单赢"效果。环境效益目标即实现污染物的消减和环境有效保护；经济效益目标包括畜禽养殖场（户）废弃物治理的投入节约和产出增加，以及降低政府管理成本投入和提升管理效率等；社会效益目标包括废弃物治理带来的示范效应、理念培养和品牌价值提升等。生态环境改善是畜禽养殖废弃物治理的第一目标，而资源化利用是废弃物治理的最终出路，所以不同于工业污染防控工作，畜禽养殖污染防治政策体系的构建，应充分考虑畜禽养殖废弃物污染物与生物质资源的双重属性，资源化是未来的环境政策导向，实现由资源化利用带来的经济效益也应是政策目标之一，此外融入对经济效益的考量，可以更好地激发畜禽养殖场（户）、有机肥生产商与销售商等纵向产业链上的市场主体对畜禽粪污资源综合利用的积极性和主动性。

二　持续推动治理工具多元组合化

经过长期实践，中国已经探索出用以促进畜禽养殖废弃物治理和资源化利用的政策工具，具体包括环境规制、划定禁养区、征收排污费及行政处罚等强制性命令－控制型政策工具，财政专项补贴、发电上网享受新能源补贴电价等经济激励型政策工具，以及宣传教育、技能指导培训和理念培养等自愿参与型政策工具。

现行畜禽养殖废弃物治理政策手段不断丰富，逐渐从以单一的命令－控制型为主转向通过采取管控约束和经济激励相结合的方式推动治理目标的实现，但在落实过程中时常有执行偏离或者是不到位的情况。就命令－控制型工具而言，具体手段包括畜禽养殖场建设的前端许可审批、养殖过程中的中端排污约束以及后端的污染治理监测检查等多样性的工具组合。[①] 但是，侧重依赖限制、标准、禁令等对养殖场（户）的排污行为进行直接约束还是当前采用的主要手段，反映动态长期可持续治理效果的动态监测手段偏少。以畜禽养殖废弃物资源化利用监测体系的建立为例，目前，中国主要是依靠规模养殖场信息直报系统获取畜禽

---

① 薛豫南、栾维新、杨静静等：《中国畜禽养殖污染治理政策体系演变特征及思考》，《家畜生态学报》2020 年第 8 期。

粪污资源化利用相关数据及状况，直报系统不仅涵盖养殖场范围有限，且数据真实性有待考证，责任主体有待进一步明确。与此同时，命令－控制型政策本身存在实施成本高的特征，这种高政策成本不仅体现在政策制定和实施成本上，还体现在其实施对整个经济社会体系的负面影响上，但这种高成本又极容易被政策制定者所忽视。以划定禁养区政策为例，《畜禽规模养殖污染防治条例》明确要求四类区域应划为禁养区，《水污染防治行动计划》又进一步明确了禁养区划定的时间限度。可见划定禁养区确实可以保障区域环境治理的长久性，但在强力政策推进下，一些地区在实际执行过程中出现了不计成本地对禁养区"一刀切"的过度执行现象，这不仅偏离了政策初衷，长期来看也会给区域社会经济发展造成影响。

在经济激励型政策方面，近年来，中国综合运用资金支持、税收优惠、沼气发电上网享受补贴电价等政策推动畜禽养殖废弃物治理，产生了较好效果，但总体上政策工具偏单一且落实不到位的情况时有发生。薛豫南等运用文本量化方法对 2001～2018 年中国出台的畜禽养殖污染治理政策文本进行分析发现，经济激励型工具的运用比重不到 15%，且以资金扶持为主，交易类的市场化工具运用较少。沼气发电上网享受补贴电价作为新能源优惠政策，是政府推出的一项综合考虑环境效益和经济效益的激励型政策，但通过对样本养殖场的实际调研，我们发现，在执行中由于缺乏部门间的协调，电力部门经常以"发电量太小""不符合技术标准""上网输配电设施配套不到位"为由拒绝养殖场沼气发电上网，从而带来养殖场污染治理效益的损失。[①]

畜禽养殖废弃物治理具有复杂性、隐蔽性、长期性等特点，这决定了对政策工具的选择和运用不能过于单一，必须强化多种政策工具的优化组合及创新，促使不同政策形式优势互补、扬长避短。我们通过对广

---

① 薛豫南、栾维新、杨静静等：《中国畜禽养殖污染治理政策体系演变特征及思考》，《家畜生态学报》2020 年第 8 期。

东生猪养殖产业的实地调研发现，单独使用补贴手段和单独使用技术指导的政策效果均显著低于补贴和技术指导手段同时使用的效果。这充分说明了适当的政策工具组合可以产生"1 + 1 > 2"的政策效果。所以应注重和创新包括命令－控制型政策工具、经济激励型政策工具及自愿参与型政策工具在内的不同类别政策工具的组合优化和配套使用方式。要严格进行养殖业污染监督与管理，提高养殖业污染排放标准，提升命令－控制型政策工具的适用性。另外，要辅之以直接补贴和间接补贴等经济激励型手段，提高种植户对养殖业有机肥的使用意愿，打通种养之间的通道。要通过持续的技术培训和宣传教育，培育市场主体良好的环境认知和环境意识，多种政策工具匹配组合，才能使包括养殖主体在内的利益各方真正将环境认知和意识"内化于心，外化于行"，实现畜禽养殖废弃物治理的长效性。

三　持续推动治理体系多层网络化

现行的"国家－个体"二元环境监管模式在点源控制和末端治理上效果显著，但运用这种以国家集中监管为特征的治理方式对具有分散性、不确定性和时空分布异质性特点的农业面源污染进行治理则存在明显困难。外国学者的研究指出，政府的有效监管是"建立在信息准确、监督能力强、制裁可靠有效以及行政费用为零的假设基础上的"[1]。畜禽养殖废弃物治理作为政府管理的重要内容也无法脱离这个框架，但是从治理信息传导、政府的环境监管力和违法制裁三个角度检视，治理信息模糊、政府监管人员的高道德风险和责任追究障碍会使得国家集中监管的环境治理模式在农业面源污染治理上相对失效。[2]

畜禽养殖废弃物治理涉及的利益相关者众多，且所形成的治理主体

---

[1] 〔美〕埃莉诺·奥斯特罗姆：《公共事物的治理之道——集体行动制度的演进》，余逊达、陈旭东译，上海译文出版社，2015。

[2] 兰婷：《乡村振兴背景下农业面源污染多主体合作治理模式研究》，《农村经济》2019年第 1 期。

的制衡关系也不尽相同，为弥补二元监管模式的不足，我国需要建立政府、养殖场主、种植户、第三方市场等多主体共同参与的治理体系，在此过程中，不断引入市场约束机制和社会监督机制，优化畜禽养殖废弃物治理手段，以实现治理实效性的提高。现阶段，中国畜禽养殖废弃物多元化治理体系尚未建立，这种多元化治理体系的建立也将是下一步推动畜禽养殖废弃物治理体系和治理能力现代化的努力方向之一。

中国推动在生态建设和环境治理领域引入共建共治共享的理念，打造基于多元主体共同参与的网络化新型环境治理模式，为解决日益复杂化和动态化的环境治理问题提供了新思路，也为全球生态环境治理贡献了中国智慧。① 从主体上将所有利益相关者纳入畜禽养殖废弃物资源化利用治理体系框架，构建多元主体治理体系，不仅更易于促进达成畜禽养殖废弃物治理的经济与生态多维耦合目标，也有助于推动实现多元主体利益诉求的平衡。

首先，要构建多元参与的治理网络。在畜禽养殖废弃物治理领域要推动实现从单一主体到多元主体的转变，从政府"大包大揽"到拓展养殖场（户）、村集体组织、社会组织、第三方肥料生产和销售企业等非政府部门参与治理的途径的转变，构建以畜禽养殖场（户）为中心、多元主体参与的治理网络，以此来促进多主体之间的沟通、合作与竞争。其次，要平衡多元主体的利益诉求。多个主体的共同参与就意味着具有多元利益、多元价值的多个组织交织在一起协调运作。② 畜禽养殖废弃物治理具有公共物品属性，作为理性人的第三方存在以私人利益取代公共利益，进而导致政策目标出现偏离的风险。所以，为了获取良好环境治理效果，需要在充分把握不同政策工具特征的前提下，通过政策工具的使用，尤其是适当设置激励措施，保障治理网络中各参与方行动

① 詹国彬、陈健鹏：《走向环境治理的多元共治模式：现实挑战与路径选择》，《政治学研究》2020 年第 2 期。

② 李翠英：《政策工具研究范式变迁下的中国环境政策工具重构》，《学术界》2018 第 1 期。

一致、利益共享，同时保有参与治理活动的持续动力。

四　持续推动纵向协作关系紧密化

种养结合模式是种植业和养殖业紧密衔接的生态农业，是促进实现物质和能量在动植物之间进行转换的循环式农业。养殖业产生的粪污等废弃物经过处理可以转化为种植业所需的优质有机肥，有机肥对化肥存在明显的替代效应，从这个角度看，有机肥市场的空间是巨大的，但现实表现却是需求疲软，这主要是由于中国畜禽粪污资源化利用的各种纵向关系脱节，市场体系尚未建立。在产品质量控制上，尽管存在有机肥产品标准，但技术门槛相对较低，在缺乏市场有效监督的情况下，畜禽有机肥终端产品质量参差不齐，价格相差巨大，市场本身仍处于比较混乱的阶段，给种植户选择带来很大困难。在施用条件上，尽管存在明显的经济效益和生态效益，但有机肥的施用对测土配方施肥技术有一定要求，与施用化肥相比，又需要更多的人力物力，并且见效时间长，根据对广东省养殖业和种植业的实地调研观察，目前农村地区从事农业生产的农民多是上了年纪的老人，或者是在农忙时短暂回乡务农的进城务工人员，其对耗时更长的有机肥施用的积极性并不高。在市场交易成本上，存在供需信息不对称、销售渠道狭窄和平台缺乏等问题，这在很大程度上进一步增加了交易成本，导致市场化机制在资源配置中的效率大大降低，进而影响有机肥供需双方的积极性。

因此，需要进一步打通畜禽养殖废弃物资源化利用各主体间的利益链条，推动纵向协作关系紧密化发展，让各利益相关方都能"有利可图"。首先，应发挥政府在种植业与养殖业生产者关系中的引导和协调作用，通过加强监管落实生猪养殖场废弃物处理责任，制定合理的补贴政策，调动养殖大户、种植大户、有机肥企业等参与的积极性，给予分散、小型养殖场（户）针对性的管理和服务，让废弃物资源化利用各利益相关方都能获利，从根本上提升畜禽养殖废弃物资源化利用的内在动力，这种利益除了经济效益之外，还可以体现为环境效益或社会效益等。其次，要加快完善市场体系，加大政策扶持力度，培育壮大市场主体，完善市场价格形成机制，破解市场信息不对称难题。鼓励采取城乡统筹、整区打包、建运一体等多种方式，支持第三方企业积极参与畜禽养殖废弃物资源化利用市场建设，打造畜禽养殖废弃物资源化利用全产业链。

第五章 农村生活垃圾治理现代化问题探讨

——基于广东28个村样本的定性比较分析

农村生活垃圾治理是当前我国建设美丽乡村和乡村振兴工作的重点和难点之一，其治理绩效不仅依赖各村的社会经济条件，同时，作为一个跨尺度治理体系，还受到分权治理结构的巨大影响。本章将农村生活垃圾治理绩效作为要考察的结果，在分权理论的基础上，通过对广东省28个农村案例的实证和对比研究，构建"管理－状态－条件"的分析模型，分别得出农村生活垃圾治理绩效的条件组态路径、治理成功要点及避免治理失败的注意事项。研究发现，分权在广东省农村生活垃圾治理中发挥了明显作用，为了更好地提高农村生活垃圾治理绩效，最重要的是加强村级组织的参与（向外分权），并提升村级组织治理能力，即使有些地方财力保障不足，通过优化政策设计和基层治理能力建设，也可以取得较好的治理效果。本章的研究结论丰富了农村生态环境治理的政策选项，可为新时期农村生态环境治理有效路径构建和治理能力现代化提供参鉴。

第一节 农村生活垃圾治理体系发展和现状

党的十九大报告提出要开展农村人居环境整治行动，加强固体废弃物和垃圾处置；加快生态文明体制改革，建设美丽中国。2018年2月，中共中央办公厅、国务院办公厅印发《农村人居环境整治三年行动方案》，明确提出要改善农村人居环境，把推进农村生活垃圾治理作为当前的重点任务之一。2021 年 4 月颁布的《中华人民共和国乡村振兴促进法》也多次提及推进农村生活垃圾治理。这些重要文件将农村生活垃圾治理问题置于前所未有的高度。自此，全国各地大力开展专项治理行动，加大专项资金投入力度，完善基础设施，每村按人口配备垃圾保洁人员，逐渐建立了系统化的农村生活垃圾四级治理体系。生活垃圾治理工作取得显著进展，农村人居环境得到较大改善。但是，由于农村生活垃圾存量和增量巨大、基层治理资金缺乏、垃圾收运系统和管理模式不健全、区域发展不平衡及村民环保观念不强等，农村生活垃圾治理水平普遍较低。如今，"垃圾围城"现象已扩展为"垃圾围村"，并呈现逐年恶化的趋势。因此，我们有必要针对这个难点问题展开实地调研和深入研究，以期为农村生活垃圾的高效治理提供有益建议。

中国农村生活垃圾治理的模式经历了乡村自发治理阶段—镇村制度化治理阶段—系统化治理阶段的三段式变迁，现已建立了系统化的"户收集、村集中、镇转运、县处理"农村生活垃圾四级治理体系。[1] 但在广东省农村实际调研过程中发现，在全省统一的垃圾治理政策下，各村的治理手段和效果却千差万别。[2] 这主要是因为：一方面，各村的自然禀赋、财力资源、基层治理能力等存在异质性；另一方面，作为一个跨尺度治理问题，省内各市、县（市、区）、镇（街）和村的分权治理模式也有差异。因此，各村差异化的实际情况需要差异化的治理手段去应对，跨尺度治理问题需要匹配个性化的分权治理模式，这使得对治理结

[1] 黄维、艾海男、祖金利：《重庆市柳荫镇农村环境整治工程设计实例》，《中国给水排水》2014 年第 4 期。

[2] 曾云敏、赵细康：《环境保护政策执行中的分权和公众参与：以广东农村垃圾治理为例》，《广东社会科学》2018 年第 3 期；曾云敏、赵细康、王丽娟：《跨尺度治理中的政府责任和公众参与：以广东农村垃圾处理为案例》，《学术研究》2019 年第 1 期；赵细康、曾云敏、吴大磊：《多层次治理中的向下分权与向外分权：基于农村垃圾治理的观察》，《中国地质大学学报》（社会科学版）2018 年第 5 期。

果的影响因素和实现路径进行研究变得更具现实意义。已有文献对许多农村生活垃圾治理案例进行了深入的个案研究，利用归纳推理和逻辑思考对个案进行了剖析以及横向的异同对比，得出了较好的现实性和机理性兼具的重要结论。为了更好地得到对这些案例的普遍性解释，让研究结论从对案例的"解读"上升为有方法论保障、可以被证明或证伪的"理论"，[①] 本章利用模糊集定性比较分析（fsQCA）方法对农村生活垃圾治理结构与治理绩效之间的关系开展分析，分析样本为通过调研获得的 28 个案例，以揭示和区分分权程度、分权结构和财政保障对农村生活垃圾治理绩效的具体影响情况。

第二节　文献回顾和理论假设

一　文献回顾

在推进城市化进程和乡村振兴的背景下，农村生活垃圾治理问题不仅仅是减少环境污染的技术和工程问题，也是复合型的社会治理问题。[②] 已有的农村生态环境治理研究认为解决这一问题主要有政府主体治理、社会主体治理和协同治理三种路径。[③] 国外学者认为，较多地引导多元主体，尤其是市场力量参与到垃圾治理工作中来，可以有效提高垃圾治理效率。例如，美国通过对农户收取垃圾处理费，广泛聘请小型家庭环卫公司，委托其进行垃圾收集和运输，基本能实现治理对农户生活垃圾的全覆盖。[④] 英国也将垃圾治理服务外包给私营企业，让其负责垃圾收集、转运和道路清扫工作，此外，还通过生产者责任制、垃圾填埋税和配额交易制度广泛调动市场力量参与其中，形成了社会多元共治

---

① 赵鼎新：《社会与政治运动讲义》（第二版），社会科学文献出版社，2012，第 7 页。
② 洪大用：《复合型环境治理的中国道路》，《中共中央党校学报》2016 年第 3 期。
③ 胡溢轩、童志锋：《环境协同共治模式何以可能：制度、技术与参与——以农村垃圾治理的"安吉模式"为例》，《中央民族大学学报》（哲学社会科学版）2020 年第 3 期。
④ 李威：《美国农村垃圾治理经验与启示》，《农村财政与财务》2014 年第 3 期。

的局面。① 日本的垃圾治理模式与美国的相似，特点是更加注重新型技术手段的运用，且管理更为精细。② 总体来看，发达国家建立了一套遵循市场化机制、充分发动公众参与的较为完善的现代化垃圾管理体系，为中国农村生活垃圾治理提供了可供学习的经验模式。

但作为准公共物品，农村生活垃圾治理极易陷入外部不经济困境，或称为"公地悲剧"，此时市场规律失灵，亟须政府对市场进行宏观调控。有学者对全国 46 个垃圾分类重点城市进行研究后发现，这些城市的垃圾分类均为政府主导模式（表现为政府超负荷承担垃圾分类工作，而忽视对社会主体参与垃圾分类的鼓励、缺乏对市场主体参与垃圾分类的支持），这种情况下治理投入虽高但回报率较低，因此，片面强调政府作用的垃圾治理模式并不是理想的治理模式。③ 诺贝尔经济学奖得主埃莉诺·奥斯特罗姆的"自主治理"方案被认为是较能妥善解决公地悲剧问题的理论，④ 除了市场与政府，更重视发挥多元主体的作用，⑤ 且有严格的使用边界。许多学者通过详细的分析与研究佐证了她的观点。例如有的学者经调研发现，推动基层政府与村"两委"联动是安徽省 W 镇农村垃圾治理的具体可行路径。⑥ 有学者在北京 4 个生态涵养区进行细致调研后发现，村"两委"的不同群众基础和资金支持水平使不同地区适宜推行不同形式的多元共治模式。⑦

---

① 乔尚奎、王淑琳、孙慧峰：《"创新优化政府公共服务"之八垃圾治理要实行政府和社会多元共治》，《社会治理》2017 年第 2 期。

② 李维安、秦岚：《绿色治理：参与、规则与协同机制——日本垃圾分类处置的经验与启示》，《现代日本经济》2020 年第 1 期。

③ 杜春林、黄涛珍：《从政府主导到多元共治：城市生活垃圾分类的治理困境与创新路径》，《行政论坛》2019 年第 4 期。

④ 任恒：《公共池塘资源的治理难题：特征、模型及困境——以埃莉诺·奥斯特罗姆自主治理思想为视角》，《深圳社会科学》2021 年第 6 期。

⑤ 吕丽娜：《公共事物治理的第三条路径——埃莉诺·奥斯特罗姆的自主治理理论评介》，《湖北经济学院学报》2011 年第 1 期。

⑥ 甘文园、刘贝：《协同共治：基于安徽省 W 镇垃圾治理实证研究》，《太原城市职业技术学院学报》2021 年第 10 期。

⑦ 姜利娜、赵霞：《农村生活垃圾分类治理：模式比较与政策启示——以北京市 4 个生态涵养区的治理案例为例》，《中国农村观察》2020 年第 2 期。

综上所述，在农村生活垃圾治理问题上，政府、社会与公众等多元主体共同参与其中的协同治理是公认有效的治理策略，这需要政府进行分权治理。政府分权至少具有两层含义：一是向下分权，即政府在体系内由上而下分配权力，地方被赋予在政治、经济和行政等特定职能领域和地理区域独立行使职能的权限；二是向外分权，即权力或职能由体系内传统的政治、行政与经济主体向非传统主体（如非政府组织、企业、工会等）扩散，并将非传统主体纳入政治过程和政策过程。① 本章将采取分权视角对中国农村生活垃圾治理的相关情况进行研究。

二　理论假设

根据前文的文献研究回顾和实际调研，本章对农村生活垃圾治理的影响因素做出以下假设。

首先，分权治理结构是影响农村生活垃圾治理绩效的重要因素，包括向下分权和向外分权两个维度。值得说明的是，由于中国农村的特殊性，村"两委"是农村基层治理的主要力量，却不属于政府体系，因此村级组织的参与被称为向外分权，而不是向下分权。

假设1：（向下分权方面）行政分权程度越高，农村生活垃圾治理绩效越好。

解释：当镇（街）一级政府对保洁和转运环节有较大的决定权或者影响力（比如，可以在一定程度上调整保洁人员的配备数量，要求保洁公司解聘特定的保洁人员），对农村垃圾集中点的设置有较大的话语权时，治理模式更贴合农村实际情况，治理效果更好。

假设2：（向外分权方面）村级组织参与程度越高，农村生活垃圾治理绩效越好。

解释：村"两委"需要对本村的保洁承担较大的责任，在垃圾收

---

① 王丽萍：《分权与国家治理：中国的分权改革及其学术意义》，《北大政治学评论》2018年第1期。

集点和集中点的选址中有较大的选择权或者建议权，能够决定本村保洁队伍的雇用人数或者是否聘用和解雇特定的保洁人员时，治理模式更贴合农村实际情况，治理效果更好。

假设3：（向外分权方面）农村生活垃圾治理的市场化程度越高，农村生活垃圾治理绩效越好。

解释：若主要利用市场化的环卫公司负责保洁和转运，则垃圾治理更专业，环卫人员更充足，农村生活垃圾治理效果更好。

其次，村级组织治理能力状态反映了村"两委"干部的动员能力和本村村民的参与程度，将其作为农村生活垃圾治理能力的状态条件单独进行讨论。

假设4：村级组织治理能力越高，农村生活垃圾治理绩效越好。

解释：如果村干部认为生活垃圾治理非常重要，并积极推动，进展良好，则公众参与水平高，农村生活垃圾治理效果好。

最后，社会经济条件的重要影响作用也是不言而喻的。

假设5：政府财力保障越好，农村生活垃圾治理绩效越好。

解释：县（市、区）年人均财政收入越高，可用于生活垃圾治理的资金投入就越多，地区居民对农村环境的要求也越高，治理效果也越好。

假设6：村集体财力保障越好，农村生活垃圾治理绩效越好。

解释：如果村集体有较为稳定的收入、村民有一定的分红，则村内更有可能有充足的资金投入进行生活垃圾治理，村民对农村环境的要求也更高，治理效果更好。

第三节　研究方法、变量设定及数据处理

一　模糊集定性比较分析方法

定性比较分析（Qualitative Comparative Analysis，QCA）方法可以综

合定性分析与定量方法的优点，以实现在具有中等样本数量（通常是10～40个）案例的情况下，对案例情况开展更具普遍性、更有解释力的分析，同时兼顾对个案的深入理解研究。① 具体来说，QCA 是一种以案例研究为导向的理论集合研究方法，逻辑核心是集合论思想。② 其创始人拉金认为社会科学研究的许多命题都可以诠释为集合之间隶属关系的形式，③ 基于此，该方法从集合论的视角出发，考察条件命题和结果命题之间的集合关系，④ 使用布尔代数算法对问题的逻辑进行形式化分析，并在实证资料与相关理论对话不断深入的过程中，从小样本数据中建构出研究议题的因果性关系。⑤

QCA 具有分析性、透明性和可复制性，并且能够胜任定性和定量数据的处理。⑥ 与传统分析方法只关注单一的因果模式相比，它更关注因果关系的复杂性和多样性，即多重并发因果关系；此外，它还能排除冗余的条件特征，直指关键因素，简化逻辑推论。⑦ 对组态问题的分析来说，QCA 也能结合定性和定量分析的优点，提供整体和系统的方法，处理组态的多维度、原因条件的相互依赖、组态的等效性以及因果的非对称性等因果复杂性问题。⑧

QCA 因为这些明显的优点，近年来受到越来越多研究者的关注。

---

① 李蔚、何海兵：《定性比较分析方法的研究逻辑及其应用》，《上海行政学院学报》2015 年第 5 期。
② 〔美〕查尔斯·C. 拉金：《重新设计社会科学研究》，杜运周等译，机械工业出版社，2019，第 10 页。
③ Charles C. Ragin, *The Comparative Method: Moving Beyond Qualitative and Quantitative Strategies*(Berkeley: University of California Press, 1987) , p. 12.
④ 张明、杜运周：《组织与管理研究中 QCA 方法的应用：定位、策略和方向》，《管理学报》2019 年第 9 期。
⑤ 万筠、王佃利：《中国邻避冲突结果的影响因素研究——基于 40 个案例的模糊集定性比较分析》，《公共管理学报》2019 年第 1 期。
⑥ 〔比利时〕伯努瓦·里豪克斯、〔美〕查尔斯·C. 拉金：《QCA 设计原理与应用：超越定性与定量研究的新方法》，杜运周、李永发译，机械工业出版社，2017，第 13 页。
⑦ 陈宇、闫倩倩：《"中国式"政策试点结果差异的影响因素研究——基于 30 个案例的多值定性比较分析》，《北京社会科学》2019 年第 6 期。
⑧ 杜运周、贾良定：《组态视角与定性比较分析（QCA）：管理学研究的一条新道路》，《管理世界》2017 年第 6 期。

例如，Newig 和 Fritsch 使用清晰集 QCA 方法对北美和西欧的 47 个案例进行了关于多层次治理对参与性决策能力影响的研究，发现多中心治理系统比单中心治理有更好的效果；此外，行动者偏好在很大程度上决定了环境决策，且面对面交流对环境标准的制定有积极的影响。① Li 等通过对中国 10 起环境冲突案例进行清晰集 QCA 方法分析，探讨了不同条件的组合对地方政府决策的影响，并分析了四种组合路径的优缺点。② Huntjens 等使用多值集 QCA 方法对水管理制度进行了制度特征方面的影响因素研究，发现社会认知维度（socio-cognitive dimension）这一新型影响因素在复杂适应性治理系统中举足轻重，更好的综合合作结构和先进的信息管理可以提高政策学习水平，未来应重视这种社会认知维度因素。③ Basurto 使用模糊集 QCA 方法对哥斯达黎加保护区生物多样性保护工作在不同时间段里的影响因素进行了考察，发现制度多样性在维持制度的稳健性方面发挥了突出的作用。④ Pahl-Wostl 和 Knieper 区分了多中心、碎片化和集中化治理机制后，使用模糊集 QCA 方法对 27 个国家流域的水治理体系进行了实证分析，发现多中心度因素对气候变化适应绩效具有最高的解释力。⑤ Mu 等区分了组织间活动的强弱后，使用清晰集 QCA 方法对中国 9 个城市群在环境治理合作方面的驱动条件进

① J. Newig, O. Fritsch, "Environmental Governance: Participatory, Multi-Level and Effective?" *Environmental Policy & Governance* 19(2009).

② Y. Li, J. Koppenjan, S. Verweij, "Governing Environmental Conflicts in China: Under What Conditions Do Local Governments Compromise?" *Public Administration* 94(2016).

③ P. Huntjens, C. Pahl-Wostl, B. Rihoux, et al., "Adaptive Water Management and Policy Learning in a Changing Climate: A Formal Comparative Analysis of Eight Water Management Regimes in Europe, Africa and Asia," *Environmental Policy & Governance Incorporating European Environment* 21(2011).

④ X. Basurto, "Linking Multi-Level Governance to Local Common-Pool Resource Theory Using Fuzzy-Set Qualitative Comparative Analysis: Insights from Twenty Years of Biodiversity Conservation in Costa Rica," *Global Environmental Change* 13(2013).

⑤ C. Pahl-Wostl, C. Knieper, "The Capacity of Water Governance to Deal with the Climate Change Adaptation Challenge: Using Fuzzy Set Qualitative Comparative Analysis to Distinguish between Polycentric, Fragmented and Centralized Regimes," *Global Environmental Change* 29(2014).

行了考察，提炼出影响组织间活动的纵向元治理、横向元治理、领导力、自主能力差异和环境状态差异等 5 个条件，发现强有力的横向元治理和强大的领导力都是综合环境治理中良好的组织间活动的必要条件，自主能力差异和环境状态差异是充分条件。[①] Jager 在欧洲水资源框架指令下从国家利益和交易成本两个维度考察哪些治理条件有利于跨界河流流域的合作管理实践，结果表明，交易成本对流域合作规划的发生具有较强的阻碍作用，但是单靠降低交易成本并不足以使各国进行合作，而必须依赖其他奖励结构，即高问题压力、法律或国内奖励来促进合作。[②] Kadirbeyoglu 和 Özertan 通过对土耳其两省灌溉机构的 3 个共享资源治理案例的灌溉管理权力下放的结果进行评估，发现在不同的情况下，权力不对称对用户满意度有不同的显著影响，因此土地分配高度不平等可能产生相互矛盾的影响，需要权力合理运作。[③]

随着 QCA 理论的逐步发展，根据案例特点和研究需要，学界出现了多种细化的实践操作方法，如使用二分取值的清晰集定性比较分析（crisp-sets QCA，csQCA）方法、使用多分类定类取值的多值集定性比较分析（multi-value QCA，mvQCA）方法、考虑程度或水平取值的模糊集定性比较分析（fuzzy-sets QCA，fsQCA）方法等。由于本章的案例特点，各条件和结果很难仅通过简单的二分取值进行描述，所以更适合根据程度和水平差异进行取值的取值方法，因此本章选取 fsQCA 方法开展研究。fsQCA 方法的一个重要优势是，它既可以保留精细的实证等级

---

① R. Mu, J. Jia, W. Leng, et al. , "What Conditions, in Combination, Drive Inter-Organizational Activities? Evidence from Cooperation on Environmental Governance in Nine Urban Agglomerations in China,"*Sustainability* 10(2018).

② N. W. Jager, "Transboundary Cooperation in European Water Governance—A Set-Theoretic Analysis of International River Basins,"*Environmental Policy & Governance* 26(2016).

③ Z. Kadirbeyoglu, G. Özertan, "Power in the Governance of Common-Pool Resources: A Comparative Analysis of Irrigation Management Decentralization in Turkey,"*Environmental Policy & Governance* 25(2015).

(empirical gradations)，又可以进行集合理论的分析。①

二 案例样本

如前文所述，本章走访了广东省不同城市的 28 个行政村，即 28 个基本案例。fsQCA 的案例选择需要遵循两种原则，一种是使 fsQCA 可以顺利进行的形式约束条件，另一种是让研究更加可信的理论约束条件。②

形式约束条件有两个。

一是数量。案例的数量必须适中，fsQCA 方法适合中等样本的分析，通常是 10~40 个案例（并且通常选择 4~7 个解释条件）。过少的案例会导致计算无法开展；而过多的案例则会导致计算结果过于复杂，使得各种路径组合缺乏解释力度。在本章中，案例数量适中，符合条件。

二是满足特定的学科约束条件。如分析单元必须有统一的行政级别、统一的计量单位等，这些级别、单位等通常是约定俗成的。在本章中，以行政村为分析单元在制度上是"给定"的，符合条件。

理论约束条件有两个。

一是可比性。所选案例存在某种背景或者特征的相似性，因而能够在同一维度进行比较。在本章中，各行政村都地处广东省，在大尺度治理方式上遵循广东省的统一规划安排，在治理绩效上可用相同的标准进行判定，因而可以开展横向比较，符合条件。

二是多样性。所选案例需要多样化程度高，核心标准就是在最少数量的案例中最大限度地展现案例间异质性。在本章中，各行政村所在地区多样，来自 8 个城市，既包含珠三角地区，也包含非珠三角地区；主导经济形式多样，有工业镇，也有农业镇；治理绩效结果多样，有正面

---

① 〔美〕查尔斯·C. 拉金：《重新设计社会科学研究》，杜运周等译，机械工业出版社，2019，第 20 页。

② 〔比利时〕伯努瓦·里豪克斯、〔美〕查尔斯·C. 拉金：《QCA 设计原理与应用：超越定性与定量研究的新方法》，杜运周、李永发译，机械工业出版社，2017，第 43 页。

绩效结果的案例，也有负面绩效结果的案例。总体来说，28个案例各有特点，有一定的代表性，可以帮助理解全省农村情况，符合条件。

综上所述，本章的28个案例符合 fsQCA 方法的形式和理论约束条件，可以全部纳入案例库开展研究。案例库具体情况如表5-1所示。

表5-1 广东省农村生活垃圾治理案例库

案例	村名	所在镇（街）	所在县（市、区）	所在地级市
n1	渔沙坦村	凤凰街道	天河区	广州市
n2	泽河村	更合镇	高明区	佛山市
n3	明南村	明城镇	高明区	佛山市
n4	暖田村	澄江镇	始兴县	韶关市
n5	埔前村	埔前镇	源城区	河源市
n6	礼堂村	丰稔镇	龙川县	河源市
n7	鹤市村	鹤市镇	龙川县	河源市
n8	梅径村	阳明镇	和平县	河源市
n9	中和村	合水镇	和平县	河源市
n10	芙蓉村	稔山镇	惠东县	惠州市
n11	范和村	稔山镇	惠东县	惠州市
n12	守望村	多祝镇	惠东县	惠州市
n13	联进村	白花镇	惠东县	惠州市
n14	西山村	三乡镇	—	中山市
n15	白石村	三乡镇	—	中山市
n16	光明村	三角镇	—	中山市
n17	黄外村	麻章镇	麻章区	湛江市
n18	城家外村	麻章镇	麻章区	湛江市
n19	六坑村	太平镇	麻章区	湛江市
n20	流江村	城南街道	廉江市	湛江市
n21	多浪坡村	营仔镇	廉江市	湛江市
n22	官村	白沙镇	雷州市	湛江市

案例	村名	所在镇（街）	所在县（市、区）	所在地级市
n23	夏口村	杨家镇	雷州市	湛江市
n24	调丰村	岭北镇	遂溪县	湛江市
n25	铁芦村	官渡镇	坡头区	湛江市
n26	栋头村	保安镇	连州市	清远市
n27	熊屋村	保安镇	连州市	清远市
n28	畔水村	丰阳镇	连州市	清远市

资料来源：笔者自制。

三　变量设计

（一）结果变量

本章将农村生活垃圾治理绩效作为要考察的结果，使用"保洁状况"这一变量来反映村内垃圾治理和保洁效果。为了直接反映各村的保洁状况，结合农村实际情况和数据可得性，将村内环保基础设施和公共场所是否整洁、村民对村保洁情况的满意程度作为赋值依据，进行三个级别的打分，分别赋值为 1 分、0.6 分和 0 分。

（二）条件变量

根据拉金的理论，条件变量的数量要和案例样本的数量保持良好平衡，通常设置为 4~7 个。条件变量选取方法包括综合方法、视角方法、显著性方法、二次审视方法、并发方法和归纳法等六种。本章使用综合方法，在分权理论的基础上，结合农村生活垃圾治理的实际情况，构建"管理 - 状态 - 条件"的分析模型，即从各案例村进行生活垃圾治理时的分权结构、治理程度和社会经济 3 个维度共选择 6 个条件变量对生活垃圾治理绩效进行解释，如图 5 - 1 所示。

具体来说，各条件变量的赋值依据可见表 5 - 2，后文将对它们的选择原因、含义解释和赋值依据分别进行详细说明。

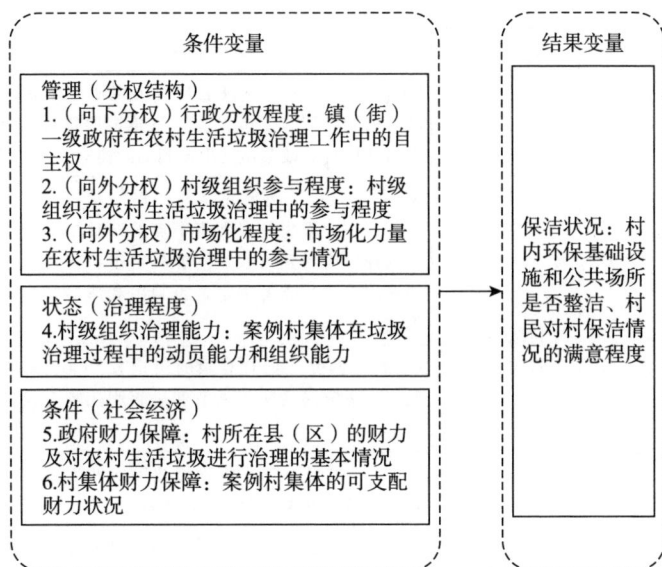

图 5 - 1　广东省农村生活垃圾治理影响因素的分析模型

资料来源：笔者自制。

表 5 - 2　变量与赋值的设定

指标维度	变量	变量名称	赋值依据	得分
治理绩效	*v*0	保洁状况	A：村内环保基础设施和公共场所保持整洁，村民对村保洁情况非常满意	1
			B：村内环保基础设施和公共场所较为整洁，村民对村保洁情况较为满意	0.6
			C：村内环保基础设施和公共场所不太整洁，村民对村保洁情况不太满意	0
向下分权	*v*1	行政分权程度	A：镇（街）一级政府对保洁和转运环节有较大的决定权或者影响力（比如，可以在一定程度上调整保洁人员的配备数量，要求保洁公司解聘特定的保洁人员），对农村垃圾集中点的设置有较大的话语权	1
			B：镇（街）一级政府对保洁和转运环节有一定的权力（比如，可以要求保洁公司解聘特定的保洁人员），能够对农村垃圾集中点的设置提出建议且建议会被采纳	0.6

续表

指标维度	变量	变量名称	赋值依据	得分
			C：县（市、区）及以上政府决定了垃圾治理的主要制度细节，镇（街）只是遵照执行和负责协调以排除政策落地中遇到的障碍	0
向外分权	v2	村级组织参与程度	A：村"两委"需要对本村的保洁承担较大的责任，在垃圾收集点和集中点的选址中有较大的选择权或者建议权，能够决定本村保洁队伍的雇用人数，或者决定是否聘用和解雇特定的保洁人员	1
			B：村"两委"拥有有限的决定权，难以轻易改变与决定保洁队伍人数和是否聘用特定保洁人员	0.6
			C：村"两委"主要负责传达落实和配合政府有关政策，基本不会影响政策制定	0
	v3	市场化程度	A：主要利用市场化的环卫公司负责保洁和转运	1
			B：主要由政府自己组建的保洁队伍负责转运	0
治理程度	v4	村级组织治理能力	A：村干部认为垃圾治理非常重要，并积极推动，进展良好	1
			B：村干部认为垃圾治理非常重要，但投入一般，协调一般	0.6
			C：村干部认为垃圾治理并不重要，未刻意推动与协调相关工作	0
社会经济	v5	政府财力保障	A：县（市、区）年人均财政收入大于0.5万元	1
			B：县（市、区）年人均财政收入为0.2万~0.5万元	0.6
			C：县（市、区）年人均财政收入小于0.2万元	0
	v6	村集体财力保障	A：村集体有较为稳定的收入，村民有一定的分红	1
			B：村集体有一定的集体收入，可以用于补充村公共事务的开支，但很难有结余用于分红	0.6
			C：村基本没有集体收入	0

资料来源：笔者自制。

分权理论中的分权结构包括垂直分权和水平分权。垂直分权或向下分权极有必要，根据实证经验，每一个镇（街）的人口数量和分布、地理条件、产业状况、习俗都不一样，这使得镇（街）的自主权、每一个镇（街）最合适的农村垃圾集中点和转运组织方式有一定的区别，与此同时，镇（街）对转运环节的深度参与会对绩效产生一定的影响。本章使用"行政分权程度"来表征向下分权情况，即镇（街）一级政府在农村生活垃圾治理工作中的自主权。本章对镇（街）一级政府对保洁和转运环节的决定权或影响力，以及对农村垃圾集中点的设置的话语权进行三个级别的打分，分别赋值为 1 分、0.6 分和 0 分。

水平分权或向外分权指向的是政府以外的多元主体对农村生活垃圾治理的参与程度，在本章的研究案例中，向外分权情况主要包括村级组织参与程度和市场化程度。村"两委"和村民小组成员能够直接监督保洁队伍和转运队伍的工作，也能够影响村民的垃圾投放行为，从而影响从集中到转运环节的垃圾处理结果，因此考虑村级组织参与程度十分有必要。本章对村"两委"对本村内保洁的责任和保洁相关日常事务（如垃圾收集点和集中点的选址、保洁人员的选择等）的决定权进行三个级别的打分，分别赋值为 1 分、0.6 分和 0 分。市场化程度即市场化力量在垃圾治理过程中的参与情况。市场化也是重要的向外分权手段，已成为各地垃圾处理的"新风尚"。一方面，它可以节约村集体和政府的人力成本；另一方面，通过市场配置资源的天然优势，垃圾转运和保洁得以用较少的资源进行更高效的工作。本章对村内是否利用市场化的环卫公司负责保洁和转运进行两个级别的打分，分别赋值为 1 分和 0 分。

治理程度指的是案例村集体在垃圾治理过程中的动员能力和组织能力，即案例村的村级组织治理能力。结合调研实际，发现农村生活垃圾治理的状态主要由村干部和村小组的治理理念和行动决定。因此本章对村干部的意识和行动进行三个级别的打分，分别赋值为 1 分、0.6 分和 0 分。

农村生活垃圾治理问题不仅仅是单纯的管理问题，解决它还需要良好的意识理念引导和足够的资金投入，这都有赖于社会经济条件的支撑，政府财力保障和村集体财力保障都对此影响较大。政府财力保障指的是村所在县（市、区）的财力及对农村生活垃圾进行治理的基本情况，一般情况下，农村生活垃圾治理的相关经费由省、市、县三级共同投入，省、市两级的投入情况一般都较为接近，县一级的财政能力决定了县一级配套资金的投入水平，将从三个方面影响生活垃圾治理体系的运行绩效：一是对收集和转运基础设施的投资水平有一定的影响，二是对垃圾桶的更换、垃圾集中点的维护有一定的影响，三是影响转运公司的付费水平和保洁员的工资水平。本章对县（市、区）年人均财政收入水平进行三个级别的打分，分别赋值为 1 分、0.6 分和 0 分。

村集体财力保障指的是案例村集体的可支配财力状况，一般情况下，政府财政资金仅能保障农村生活垃圾治理体系的基本运转，较高的村集体收入能够通过增加保洁员工资、制作宣传材料、维修维护垃圾收集点、加快垃圾桶更换等形式影响生活垃圾治理绩效。本章对村集体收入水平进行三个级别的打分，分别赋值为 1 分、0.6 分和 0 分。

四　构建真值表及数据处理

由于 QCA 运算的分析单位是条件组合而不是案例，因此将各变量按照表 5 - 2 的赋值标准进行具体赋值后，结果如表 5 - 3 所示，我们会得到条件变量与结果变量的所有组合（configurations），即真值表。

表 5 - 3　变量赋值结果

案例	$v0$ 保洁状况	$v1$ 行政分权程度	$v2$ 村级组织参与程度	$v3$ 市场化程度	$v4$ 村级组织治理能力	$v5$ 政府财力保障	$v6$ 村集体财力保障
n1	0.6	0	0	0	0	1	1
n2	1	0	0.6	1	1	0.6	1
n3	0	0	0	1	0	0.6	1
n4	0	0	0	1	0	0	0
n5	0.6	0.6	1	1	0.6	0.6	0
n6	1	1	1	1	0.6	0	0
n7	1	1	1	0	0.6	0	0
n8	1	1	0.6	1	0.6	0	0

案例	v0 保洁状况	v1 行政分权程度	v2 村级组织参与程度	v3 市场化程度	v4 村级组织治理能力	v5 政府财力保障	v6 村集体财力保障
n9	1	1	0.6	1	0.6	0	0
n10	1	1	1	1	1	0.6	1
n11	1	1	1	1	1	0.6	1
n12	1	1	1	1	1	0.6	1
n13	1	1	1	1	1	0.6	1
n14	1	1	0.6	1	1	1	1
n15	1	1	0.6	1	0.6	1	1
n16	1	1	0.6	1	0.6	1	1
n17	1	1	1	1	1	0.6	0
n18	1	1	1	1	0.6	0.6	0
n19	1	1	0.6	1	0.6	0.6	0
n20	0	1	0.6	1	0.6	0.6	0
n21	0	1	1	1	0.6	0.6	0
n22	0	1	0	1	0.6	0.6	0
n23	0	1	0	1	0.6	0.6	0
n24	1	1	1	1	1	0	0
n25	0.6	1	0	1	0.6	0	0
n26	1	1	1	1	1	0	0
n27	1	1	1	1	1	0	0
n28	1	1	1	1	1	0	0

资料来源：笔者自制。

第四节　定性比较分析与结果

一　单条件必要性分析

在常规的 QCA 运算中，通过一致性指标（*Consistency*）来进行单变量必要性分析，其公式简化如下：

$$Consistency(X_i \leq Y_i) = \sum [\min(X_i, Y_i)] / \sum X_i \qquad (5-1)$$

如果条件 X（单个条件或条件组合）是 Y 的充分条件，则 X 的模糊集分值应该小于等于 Y 的模糊集分值，且一致性大于 0.8。同时也可通过一致性指标 $Consistency$（$Y_i \leq X_i$）来判断 X 是否为 Y 的必要条件，如果大于 0.9，则可认为 X 是 Y 的必要条件。在完成充分或必要条件判断后，可进一步通过覆盖率指标（$Coverage$）来判断条件（或条件组合）X 对结果 Y 的解释力度，将覆盖率公式简化如下：

$$Coverage(X_i \leq Y_i) = \sum [\min(X_i, Y_i)] / \sum Y_i \qquad (5-2)$$

该指标描述了条件（或条件组合）X 对结果 Y 的解释力度。覆盖率的数值越大，则说明 X 在经验上对 Y 的解释力越大。通过 fsQCA 软件进行运算后得到单个条件变量的必要性分析结果，如表 5-4 所示。

表 5-4　单个条件变量的必要性分析结果

变量代码	条件变量	一致性	覆盖率
$v1$	行政分权程度	0.813559	0.923077
$v2$	村级组织参与程度	0.893617	0.807692
$v3$	市场化程度	0.738462	0.923077
$v4$	村级组织治理能力	0.876289	0.817308
$v5$	政府财力保障	0.725806	0.432692
$v6$	村集体财力保障	0.860000	0.413462

通过表 5-4 可以看出，"行政分权程度""村级组织参与程度""村级组织治理能力"变量在 28 个案例中覆盖率较高，一致性也较高，这说明在条件变量的选择上，本章的条件模型设计对结果有较好的解释力。

再看单个条件变量的一致性与覆盖率计算结果。

第一，"村级组织参与程度""村级组织治理能力"一致性分别为约 0.893617 和 0.876289，说明它们是结果发生的必要条件，它们的覆盖率均超过 0.80，意味着这种条件组合可以解释大于 80% 的案例。

第二，"村集体财力保障"一致性高达 0.860000，也是一个重要的必要条件，但它的覆盖率较低，只有约 0.413462，说明它并不是农村生活垃圾治理良好的充分条件，即村集体财力保障水平不够时，还可以寻求其他手段达到良好的保洁状况。

第三，"行政分权程度""市场化程度"覆盖率超过 0.92，一致性在 0.73 和 0.82 之间，可将其视为较好的充分条件，即在农村生活垃圾治理过程中通过提高行政分权程度和市场化程度，可以改善农村的保洁状况，但还需要进一步提升这两个变量的一致性，以获得更好的必要性解释结果。

第四，"政府财力保障"的一致性、覆盖率和案例占比三个指标都较低，说明它对农村保洁状况的解释力度并不太大。

鉴于农村生活垃圾治理是一个复杂的多因素影响问题，还需要进一步分析条件变量组合来获取更多信息。

二　组合条件分析

使用 fsQCA 软件进行计算后一般可以得到三种方案类型：复合方案（complex solution）、吝啬方案（parsimonious solution）和中间方案（intermediate solution），其中复合方案是完全按照变量进行参数设置而出现的结果，因此也是 QCA 中的惯例分析方案，这一结果具体如图 5 - 2 所示。

如图 5 - 2 可知，复合方案结果中整体覆盖率和整体一致性分别达到 0.730769 和 0.77551，表明所有条件组合能够解释约 73% 的案例，且具有较强的必要性解释力度，具体分析如下。

第一，有 1 个条件组合路径的一致性等于 1，即"村级组织参与程度 * 市场化程度 * 村级组织治理能力 * 政府财力保障 * 村集体财力保障"，表示这个组合路径可以让农村生活垃圾治理得到良好效果。

第二，有 1 个条件组合路径一致性大于 0.9 小于 1，即"行政分权程度 * 村级组织参与程度 * 村级组织治理能力 ~ 政府财力保障 ~ 村集体

```
************************
*TRUTH TABLE ANALYSIS*
************************
```

File: D:/文档/#GDASS社科院/fsqac/01农村垃圾治理/6v-fsqca0.5.csv
Model: V0=f(V1,V2,V3,V4,V5,V6)
Algorithm: Quine-McCluskey

--- COMPLEX SOLUTION ---

	raw coverage	unique coverage	consistency
V1*V3*V4*~V6	0.442308	0.0865386	0.793103
~V1*~V2*~V4*V5*V6	0.0288462	0.0288461	0.375
V1*V2*V4*~V5*~V6	0.384615	0.0288461	0.909091
V2*V3*V4*V5*V6	0.230769	0.230769 tt	1
~V1*~V2*V3*~V4*~V5*~V6	0	0	0

solution coverage: 0.730769
solution consistency: 0.77551

图 5-2　条件组合的复合方案结果

说明："＊"是变量之间的连接符号，表示"且"的交集关系，即需要同时满足所连接的条件变量；"～"表示"非"，即"不存在"；"solution coverage"是"整体覆盖率"，"solution consistency"是"整体一致性"；"raw coverage"（原始覆盖率）表示该条件组合能够解释的案例比例，而同一结果有可能被多条路径同时反映，因此原始覆盖率仅显示充分性；"unique coverage"（唯一覆盖率）表示有多少案例仅能被该条件组合路径所解释，数值越大表示该条件组合路径越容易导致结果的发生，也即反映了条件组合的必要性，一般作为分析的主要依据。

资料来源：通过 fsQCA 软件所制。将真值表导入 fsQCA 软件后，通过模糊集运算（fuzzy truth table algorithm）即可得到复合方案。

财力保障"，表示这个组合路径对村保洁状况解释力度也非常大。

第三，有 1 个条件组合路径的一致性约为 0.8，且原始覆盖率较高，超过 0.44，即"行政分权程度＊市场化程度＊村级组织治理能力～村集体财力保障"，其在一定程度上对广东农村生活垃圾治理绩效也有一定的解释力度。

值得说明的是，"村级组织参与程度＊市场化程度＊村级组织治理能力＊政府财力保障＊村集体财力保障"（v2＊v3＊v4＊v5＊v6）这一组合表现较好，可以解释 28 个农村生活垃圾治理成功案例中的约 23%。

如图 5-3 所示，进一步分析如下。

Analysis of Necessary Conditions

Outcome variable: V0

Conditions tested:
          Consistency   Coverage
V2+V4 0.875000   0.850467

Analysis of Necessary Conditions

Outcome variable: V0

Conaditions tested:
          Consistency   Coverage
V1+~V6 0.923077   0.768000

图 5 – 3　典型条件组合的结果

资料来源：通过 fsQCA 软件所制。在软件中选择条件组合和结果后，便可得到指定条件组合路径的一致性和覆盖率结果。

第一，"村级组织参与程度""村级组织治理能力"不仅作为单个条件变量时一致性非常高，在解释力度非常大的条件组合路径中也相伴出现，表明它们是解释力度非常大的组合，组合条件一致性为 0.875000，覆盖率也高达 0.850467。这说明，在广东省农村生活垃圾治理中，村级的基层治理发挥的作用最大。

第二，"行政分权程度""~村集体财力保障"也相伴出现，组合条件一致性为 0.923077，覆盖率也高达 0.768000，表明这也是有较大解释力度的组合。这说明当镇（街）一级政府对保洁和转运环节有较大的决定权或者影响力时，即村以上的基层政府对农村垃圾集中点的设置有较大的话语权时，即使村集体财力不够充足也能取得不错的治理绩效。

三　稳健性检验

为了判定计算结果是否稳健可靠，还需要进行稳健性检验，通过检验需要满足两个标准：首先，不同操作造成的差异，不会导致其他的参数拟合结果；其次，不同操作得出的条件组合之间都具有清晰的集合关系。① 检验方法为：第一，随机删除若干案例后得到新的数据集；第二，对新数据集按照上述原则进行校准；第三，对校准后的新数据集进行 QCA。

经检验，在必要条件方面，各个变量的一致性与覆盖率差别不大。条件组合分析结果显示，新数据集得出的两条解释路径及其一致性与覆盖率结果和先前的结果相近。总体而言，研究结果具有较强的稳健性。

第五节　结论与讨论

本章将农村生活垃圾治理绩效作为要考察的结果，在分权理论的基础上，结合农村生活垃圾治理的实际情况，构建"管理－状态－条件"的分析模型，使用"保洁状况"这一指标来反映村内垃圾治理和保洁效果，旨在发现影响广东省农村生活垃圾治理绩效差异的条件及其组合情况。根据上文计算结果与实际调研情况，发现本章选取的 6 个变量对农村生活垃圾治理绩效有较大的解释力度，继续挖掘分析结果有以下发现。

第一，有为的基层治理比上层制度设计更有效。在广东省农村生活垃圾治理问题上，分权治理发挥了重要的作用，尤其是村级组织参与程度和村级组织治理能力这两个指代基层村集体治理能力的变量，不论是作为单独条件还是组合条件，都有很大的解释力度，比上层制度设计发挥更明显的作用。这说明农村生活垃圾治理问题具有较高的个性化特征，统一的上层制度设计无法顾及千村千面，还可能产生信息传递衰减及管理脱节问题，因此，必须发挥村级组织在垃圾治理工作中的监督和管理作用，并提升村"两委"的动员能力和组织能力。实践表明，充分发挥村级组织的作用，是提高广东省农村生活垃圾治理绩效的最优

---

① C. Q. Schneider, C. Wagemann, *Set-Theoretic Methods for the Social Sciences: A Guide to Qualitative Comparative Analysis* (Cambridge: Cambridge University Press, 2012) , pp. 178 – 194.

路径。

第二，治理能力比财力保障更重要。在广东省农村生活垃圾治理问题上，基层的村级组织治理能力和村集体财力保障都发挥了重要作用，但从上文分析结果可知，相较而言，治理能力比财力保障作用更为明显。这个发现十分重要，说明财力保障不是农村生活垃圾治理的必要条件，通过治理结构的优化设计和村级组织治理能力的不断提升，可以弥补财力不足的短板，实现农村生活垃圾治理的良好效果。

第三，村集体财力保障比上层政府的财力保障更有用。同样是财力保障，在广东省农村生活垃圾治理中，上层政府财力保障作用并不明显，相反，村集体的财力保障在许多时候更能发挥重要作用。通常来说，上层政府的农村生活垃圾治理相关经费由省、市、县三级共同投入，省、市两级的投入情况较为接近，县一级的财政能力决定了县一级配套资金的投入水平，一般情况下，这三级政府财政资金仅能保障农村生活垃圾治理体系的基本运转；而充足的村集体收入能够通过增加保洁员工资、制作宣传材料、维修维护垃圾收集点、加快垃圾桶更换等更直接的形式影响生活垃圾治理绩效。这启发政府在为农村生活垃圾治理提供配套资金支持时，还要更加细致地考虑到村集体的财政状况。

第四，分权治理作用明显，但各条件变量在特定情况下才能发挥更好的效果。通过前文分析可知，分权治理条件变量都在广东省农村生活垃圾治理中发挥了较为明显的作用，尤其是指代向外分权的村级组织参与程度这一条件，影响最为显著，可以说村级组织的充分参与是农村生活垃圾治理问题中的必要条件。这说明农村生活垃圾治理需要接地气的因地制宜的方案，要求政府提升向下分权的程度，并发挥村级组织的作用。

指代向下分权的行政分权程度是重要的充分条件，提高镇（街）一级政府在农村生活垃圾治理工作中的自主权会对农村生活垃圾治理绩效产生一定的积极影响，但根据前文计算结果可知，其在村集体财力保障不足时发挥的效果更好。这说明对财力不足的村，需更加重视发挥上一级镇（街）政府在垃圾治理中的作用。

指代向外分权的市场化程度指标作为单个条件出现时对农村生活垃圾治理绩效解释力度不大，但是很好的充分条件，意味着市场化手段在配合其他条件时才能更好发挥作用。这说明广东省农村生活垃圾治理问题目前较为简单，对市场化手段要求较低，简单的市场化运作就能满足治理需求。

综上所述，本章发现：分权在广东省农村生活垃圾治理中发挥了明显作用，为了更好地提高农村生活垃圾治理绩效，最重要的是加强村级组织的参与度（向外分权），并提升村级组织治理能力；即使财力保障不足，通过优化的政策设计和基层治理能力建设，也可以取得较好的农村生活垃圾治理效果。

另外，本章还存在一定的局限性：一是样本数量不足，各市案例村数量不均衡，未来应对全省各地区开展覆盖面更广的调研和案例分析活动；二是定性比较分析虽然能计算条件变量和结果的对应关系，但这并非完整的因果解释，[①] 还须对变量之间的关联机制做深度解读。

---

① 何俊志：《比较政治分析中的模糊集方法》，《社会科学》2013 年第 5 期。

第六章　乡村旅游发展与环境保护协调机制分析

——基于广东省三个案例

发展乡村旅游既是建设美丽乡村、美丽中国的重要路径，也能提供满足人民日益增长的美好生活需要的生态产品，还为农民增收致富开辟了新的渠道。但是，乡村旅游开发既可能促进生态环境保护，也可能产生破坏生态环境的后果。因此，找到旅游开发与环境保护之间的平衡点、探索形成绿色发展模式，成为解决上述矛盾的关键。本章在对关于乡村旅游和生态环境关系的研究进行综述的基础上，在广东省佛山、阳江和梅州三市选取了三个案例进行比较分析。结果表明，针对不同的旅游开发模式，均可以探索出协调旅游开发和环境保护的有效机制，形成合作共治的良好局面，实现旅游的绿色发展。

第一节　乡村旅游和生态环境关系的研究基础

进入 21 世纪以来，城镇化的发展使得乡村的生态价值日趋凸显，民众对田园风光的消费需求不断增加。乡村旅游资源不断被挖掘出来，度假产品不断得到开发，乡村旅游也呈现从农家乐、赏花摘果等传统模式逐渐向休闲度假、理疗康养和娱乐体验等综合性业态发展转变的态势，不仅产业规模逐渐壮大，而且旅游产品也日益多样化。

乡村旅游高质量发展不仅涉及经济发展方面，而且也包括社会、环境等多维层面。本部分主要对乡村旅游的内涵及其对生态环境的影响、乡村旅游与生态环境治理相关理论等方面进行简要介绍，并进行研究述评。

一 乡村旅游的内涵及其对生态环境的影响

（一）乡村旅游的内涵理解

关于乡村旅游的内涵存在众多不同观点。有学者指出，乡村旅游也称为"农业旅游"或者"农村旅游"，是以农业景观、农事生产、农村生态以及传统民俗活动为资源，集观光、研学、拓展、娱乐、购物、度假等于一体的旅游活动。在西方国家，乡村旅游一般出现在节假日期间，以农场为活动地点，可以选择爬山探险、划船漂流、骑马比赛、野外狩猎等多样化的活动，[①] 欧洲联盟（EU）和经济合作与发展组织（OECD）认为，乡村旅游是发生在乡村地区、处于乡村世界中的特殊活动，是经营规模较小、空间开阔和可持续发展的旅游类型。目前，中国的乡村旅游既有距离短、可当日往返、以大中小城市的周边乡郊为目的地的乡村旅游，又有跨越长距离、可小住数日、以乡下古镇或周边乡村为目的地的乡村旅游；既有以田园风光为亮点的乡村旅游，又有以地方乡土的或传统的民俗文化为主要卖点的乡村旅游；既有让游客参与其中的体验型乡村旅游，又有以休闲、度假或娱乐为特色的乡村旅游。[②] 得益于先行一步的优势，广东乡村旅游发展较早，1984 年，珠海白藤湖农民度假村开业，这是中国第一家农民度假村；1988 年，深圳为招商引资，举办首届荔枝节，将农村旅游观光和农业体验结合起来，取得较好的效果。随后，各地纷纷效仿，推出了各具特色的农业观光项目。

---

① X. P. Gu, B. J. Lewis, et al. , "Travel Motivation of Domestic Tourists to the Changbai Mountain Biosphere Reserve in Northeastern China: A Comparative Study," *Journal of Mountain Science* 12(2015): 1582 – 1597.

② 周星：《乡村旅游与民俗主义》，《旅游学刊》2019 年第 6 期。

随着国民经济的不断增长和城镇化的快速推进，城市居民假日休闲、郊游的需求急剧增加，"农家乐""近郊游"逐渐火爆，既能观光游览，又可休闲度假，还有农业节庆活动相辅，促进了城市周边乡村旅游产业的快速发展。

（二）乡村旅游对生态环境的影响

旅游业经常被看作乡村经济可持续发展的替代发展手段之一，它作为一种外力进入乡村社区，不可避免地会对农业、农村、农民产生综合影响，[①] 乡村旅游的飞跃式发展，虽然增加了经济效益，但也产生了一定的环境压力，这对当地生态环境治理提出了严峻挑战。有学者指出，长期以来在乡村建设中"收入增加"远远重于"生态保护"，乡村的经济、社会、空间肌理被肢解或扭曲。[②] 旅游的盲目开发可能会破坏自然环境，导致农民耕地减少，造成的经济损失远大于带来的补偿和就业收入，而旅游收益漏损及不公平分配容易导致村民参与环境保护的意愿下降。[③] 不少地方的传统乡村旅游在发展中急于追求经济利益，忽视了生态承载力，以致旅游活动的范围和强度超过了自然环境可承受的极限，破坏了乡村旅游地生态系统的平衡，导致乡村环境质量下降，旅游业可持续发展也受到一定程度的威胁，故而维护乡村生态环境至关重要。

二　乡村旅游与生态环境治理相关理论

（一）旅游领域的"公地悲剧"研究

1994 年，Healy 将哈丁的"公地悲剧"理论拓展到旅游资源开发

---

① 贺爱琳、杨新军、陈佳等：《乡村旅游发展对农户生计的影响——以秦岭北麓乡村旅游地为例》，《经济地理》2014 年第 12 期。

② 张京祥、申明锐、赵晨：《乡村复兴：生产主义和后生产主义下的中国乡村转型》，《国际城市规划》2014 年第 5 期。

③ B. Ma, Z. Cai, J. Zheng, et al. , "Conservation, Ecotourism, Poverty, and Income Inequality——A Case Study of Nature Reserves in Qinling, China," *World Development* 115(2019): 236 – 244.

中，以瑞士的高山草原景观为例，提出旅游开发和旅游者增多必将破坏自然生态的原始真实性。① Healy 的观点引发了公共旅游资源研究的热潮，自发的乡村旅游经营活动中，在缺乏相应利益协调和资源调配机制约束的情况下，农户会进行无序的对公共资源的争夺和使用，给原本资源环境就很脆弱的自然村落带来严重的"公地悲剧"效应。②

（二）旅游研究领域的利益相关者理论等研究

20 世纪 80 年代以来，利益相关者理论被引入旅游研究领域，乡村旅游利益相关者即影响乡村旅游发展或者受其影响的个人、组织或群体。同时，村民、政府、企业和社会组织等也是乡村生态环境的利益相关者，是生态环境治理的主体和密切参与者。有学者通过公共地博弈模型考察了乡村旅游资源作为公共资源的特性所引致的生态危机、市场混乱以及利益冲突，③ 当地村民与乡村旅游开发商之间冲突不断，根本原因在于乡村居民参与乡村旅游发展权利的受限与虚位；④还有学者研究了旅游企业进行旅游资源开发所带来的经济效应与公共地博弈问题；⑤ 等等。

三　研究述评

从现有研究文献来看，乡村旅游已成为跨学科的多维研究领域，无论是在理论视角上，还是在研究内容和方法上，已有成果均为后续研究奠定了坚实的基础。值得注意的是，当前的研究成果大多是对乡村旅游的发展现状进行描述，并结合旅游引发的环境影响，根据旅游

---

① R. G. Healy, "The ' Common Pool' Problem in Tourism Landscape," *Annals of Tourism Research* 21 (1994): 596 – 611.

② 池静、崔凤军：《乡村旅游地发展过程中的"公地悲剧"研究——以杭州梅家坞、龙坞茶村、山沟沟景区为例》，《旅游学刊》2006 年第 7 期。

③ 赵亮：《乡村旅游发展过程中的"公共地悲剧"与成因》，《辽宁科技大学学报》2008 年第 2 期。

④ 左冰、保继刚：《旅游吸引物权再考察》，《旅游学刊》2016 年第 7 期。

⑤ Kelly J. Semrad, J. B. Villanueva, "An Inward Look Using Backward Economic Linkages in a Developing Country," *Worldwide Hospitality and Tourism Themes* 6(2014): 244 – 260.

开发对乡村生态造成的影响提出一些发展对策，研究也具有一定的学科界限性，旅游学专家聚焦于利益相关者因素，而公共管理专家聚焦于地方政府内部因素，地方政府生态管理驱动因素研究缺少一个能被学术界普遍认可的融合多学科知识的理论框架。[①] 时下很多研究没有充分考虑旅游本身与经济发展、社会嬗变之间的关系，相对缺乏涉及多元主体、多种要素的机理分析，无法从根本上破解现阶段乡村旅游高质量发展的困境。

旅游业是开放性、集约性、辐射性都很强的产业，各种要素处于不断的重组、聚集和转换过程中，不仅改变了传统的乡村生活环境，也打破了乡村与外界交换的平衡状态，潜藏着导致乡村环境衰退的风险。而传统的农村生态环境治理模式已经显得力不从心、捉襟见肘，无法解决现代乡村旅游发展面临的新问题。乡村旅游与生态环境保护已经成为学术界热切讨论的问题，而且越来越多的研究试图探索乡村旅游与生态环境保护之间的有效协调路径。但更多的研究停留在旅游开发层面，在预设某种旅游类型具有积极作用的同时却相对忽视具体的运作逻辑，也缺乏相应的实践研究。运用科学的旅游保护模式，建立有效的生态环境治理机制，激活内生自治能力，培育乡村生态治理主体，释放乡村生态保护的叠加效应，推动乡村旅游高质量发展的路径和方案亟待研究。

第二节　研究思路

随着乡村旅游客流量的增加，过度商业化现象进一步加剧，以致出现了粗放式与掠夺性的旅游开发模式，导致乡村生态环境、传统文化风貌、居民生活空间等受到一定程度的影响。游客过多容易导致生态超

---

① 王婉飞、吴建兴、吴茂英：《乡村旅游发展中地方政府生态管理的驱动因素研究》，《旅游学刊》2018 年第 8 期。

载，很多乡村缺乏完善的排水系统和污水处理系统，大量游客涌入乡村，给当地带来了很大的生态压力。如果旅游超过了乡村的环境承载力，必然对乡村生态环境造成影响。如何协调旅游与环境保护之间的关系，促进乡村旅游的高质量发展，成为日趋重要的议题。乡村旅游的高质量发展不仅要满足当代人的需求，而且要兼顾子孙后代的发展需要。本章选取广东省的乡村作为案例，原因在于广东乡村旅游发展比较成熟，市场需求比较大，游客对乡村环境的"原真性"要求也比较高，这也推动了广东乡村旅游的迭代发展和更新升级。

本章分别在广东省"一核""一带""一区"选择一个乡村旅游发展的代表性乡村作为研究案例，其中，在珠三角核心区选择的是佛山市逢简村，它采用的是政府主导型发展模式；在沿海经济带选择的是阳江市高村，它采用的是村民自觉与政府力量共同推动型发展模式；在北部生态发展区选择的是梅州雁南飞茶田景区，它采用的是企业主导型发展模式。这样做，旨在探讨不同区域、不同类型乡村旅游发展中的生态环境治理路径，考察政府等主体如何进行压力应对与化解，以点带面，以典型案例的剖析探讨乡村旅游引发的生态环境问题的有效应对机制，并探讨乡村旅游高质量发展的有效路径。

案例选取的初衷是从不同区域彼此独立的乡村案例的具体实践切入，从不同层面来透视乡村生态环境维护和治理机制，对案例进行共性分析，总结乡村旅游高质量发展的有效路径，特别是探索乡村旅游发展过程中政府、企业和村民等进行生态维护与管理的机理因素。在这种情况下，案例比较研究是相对理想的方法，本章结合乡村案例在文旅产业、生态问题和政策措施等方面的差异性和相似性，力图使推导出来的结论更具有说服力和可信性，进而提高案例研究的效度和信度。因此，本章中的案例经验和政策建议对乡村旅游发展具有重要的启示意义，也能够为乡村旅游目的地的生态环境治理政策优化提供参考。

第三节　协调乡村旅游与环境保护三个案例的分析

在增进人民福祉、满足人民日益增长的美好生活需要的社会主义现代化建设新阶段，要推进乡村旅游高质量发展，乡村旅游资源的开发与保护更要兼顾多方面的利益诉求，化解开发主义和保护主义的矛盾，将开发与保护纳入可持续发展的框架之内，构建符合多方利益要求的共同体框架。

一　案例介绍：乡村旅游资源挖掘与生态环境整治齐手并抓

在乡村振兴战略实施的契机下，广东乡村旅游围绕岭南水乡、民俗文化艺术、水果蔬菜农庄等主题，创新旅游发展业态，打造乡村旅游精品线路和田园综合体，引导湾区企业投资贫困地区的旅游食宿、旅游商品开发等产业，发挥旅游业关联带动效应，让乡村的生态价值、文化价值等转化为经济价值，推动农民创收增收，为推动乡村振兴提供了一条新思路。

（一）"一核"案例：佛山市逢简村

逢简村位于广东省佛山市杏坛镇，是著名的具有"小桥、流水、人家"岭南特色的水乡，有古庙宇、古祠堂、古民居、古树等资源，历史文化积淀深厚。2012 年，该村开始加大旅游开发力度。同时，各级政府也增加投入，连同民间资本进入，共同推进乡村环境整治和各种软硬件建设。2013 年，逢简村荣获"发现·2013 中国最美村镇"最高奖项"典范奖"，是华南地区唯一获此殊荣的村镇。2015 年成为 AAA 级旅游景区，2016 年 1 月被评为"国家级生态村"。

1. 政府推动科学规划，改善环保设施，提升乡村旅游环境质量

政府主导，规划先行。早在 2009 年，逢简村所在的杏坛镇就编制了《杏坛镇逢简村公共空间整治概念规划与重要节点概念设计》，随后分别编制了《逢简村美丽文明村居建设规划》《杏坛镇逢简村村庄规划》等多个专项规划，这为逢简村乡村旅游科学发展提供了理念指导。在科学规划的指引下，全村开展了绿化美化工作，2018 年人均绿地面积达 12.7 平方米，建成了 13 个绿化休闲公园，通过休闲绿道贯穿特色景点，构建绿色生态环境，提升了逢简村的绿化水平。[①]

在逢简村乡村旅游开发过程中，政府投入大量资金，积极改善河涌水质和环保设施，逢简村污水处理系统分为生活区和工业区两个部分，其中生活区建成采用地埋水池及设备的污水处理站 3 个，工业区建成露天小型污水处理站 1 个，全面收集治理污水，总治污能力超过 2300 吨/日，污水处理率大于 95%，极大改善了逢简村河涌水质，保留着岭南水乡水环境风貌，为乡村旅游发展创造了良好的硬件设施基础。

2. 村民受益于乡村旅游，积极维护乡村生态环境

逢简村成立了佛山市顺德区逢简水乡旅游发展有限公司，负责对景区进行管理，自主经营。公司非常关注村民利益需求，将村民分红收入与乡村旅游发展有机结合。随着水乡商铺不断增多，统一规划村内摆卖摊位，设立竹木长廊出租给村民，发出全区首批食品摊贩登记卡 54 份，为村民提供了就业保障，增加了收入。2018 年，逢简股份社经济收入1800 万元，可支配收入 90 万元，村民年人均分红 3500 元，比上年增长20%。村集体、村民小组、村民受益于乡村旅游发展，得到实惠，获取了经济收益，享受到良好的生态环境，从而也更加支持乡村旅游发展，积极参与乡村生态环境治理工作。

（二）"一带"案例：阳江市高村

高村是阳江市春湾镇自由村下的自然村，是一个建于明朝年间的古村落，村内牛窟洞穴在 1982 年被确定为古人类活动的聚居点，是新石器时代的遗存，旁边拥有近千棵树龄超过两百年的古树，村周边被喀斯特地貌环绕，该村文旅资源比较丰富，推动实现了美丽乡村建设与文旅

---

① 黄碧云：《佛山两年投入超 15 亿元，建设美丽文明村居》，界面新闻网，2018 年 12月 23 日，https://www.jiemian.com/article/2732928.html。

资源转化协同发展的目标。

1. 乡贤村民自觉参与美丽乡村建设，共同推动乡村旅游发展

高村生态环境的改善始于乡贤的行动自觉和筹款发动。2017 年，乡贤自筹 100 余万元资金修缮了村内饮水工程，从十几千米外引进自来水，同步推进道路硬底化，完善乡村基础设施。2019 年，实施美丽乡村发展战略，升级村内软硬件设施，如安置道路指示牌等，不断改善村容村貌。在村民和政府的共同努力下，高村荣获了"阳江市十大最美森林乡村"等称号。高村良好的资源禀赋和生态环境吸引了大量游客，迅速发展的乡村旅游也给村民带来了致富商机，很多村民沿街摆卖农产品，经济收入大为增加。同时，高村现代农业发展迅速，袁隆平院士的绿色有机水稻基地和不同时节的水果采摘园引入了很多科技元素，不仅让村民感受到了现代农业科技的魅力，而且吸引了很多研学和亲子游团体，这又进一步推动了乡村旅游的发展。

2. 注重生态环境改善与发展，村民环保意识不断增强

高村乡村旅游的发展固然是由于良好的资源禀赋、丰厚的历史资源和深厚的文化内涵，但优美的乡村生态环境也发挥了重要作用。高村一直将生态环境置于首要地位，推动传统村居与大自然和谐共生。一方面，高村保护古村落原始生态环境，不论是对于古人类遗址还是对于百年古树，都尽可能为其提供良好的保护；另一方面，高村持续优化乡村人居环境，稳步推进农作物种植基地建设，并置入现代农业科技元素，同步改善乡村基础设施，维护村内生态环境，实现生态宜居。

在美丽乡村建设过程中，以前到处丢垃圾的现象不见了，村民的环保意识在不断增强，大人、孩子爱护生态环境的觉悟也在不断提高。花海、古驿道、筹建中的民宿等无不显示着乡村生态环境的改善和优化，高村由封闭、落后蝶变为乡村旅游"网红"，特别是良好的生态环境和人文资源不仅吸引了大批游客前来"打卡"，而且也留住了村内年轻人的心，他们被高村旅游业发展潜力所吸引，选择留在村里发展，这也给高村注入了可持续发展活力。

（三）"一区"案例：梅州雁南飞茶田景区

当前，中国乡村旅游处于迅速发展阶段，但这种迅速发展带来了一些问题，主要原因在于乡村旅游缺乏总体规划与科学开发。而梅州市的雁南飞茶田景区无疑是遵循"绿水青山就是金山银山"理念的发展范例。

1. 尊重生态规律，强化顶层设计

雁南飞茶田景区位于广东省梅县区雁洋镇长教村，由广东宝丽华集团在 1994 年成立雁南飞公司进行投资开发，发展茶叶、水果生产和乡村旅游。该公司注重顶层设计与科学规划，按照统一规划种植、统一栽培技术、统一采摘加工、统一品牌销售的原则，将茶文化和客家文化融入景区中，推动农业产业化、规模化和品牌化发展。同时，尽可能做到在开发中保护、在保护中开发，以珍爱自然、融于自然为理念，注重保护原有的生态链，坚持"黄土不露天"，景区绿地率达 97.9%，绿化覆盖率达 98.8%。[①] 如今，雁南飞茶田景区已经从"光山穷山"到"绿水青山"，再一步一步到"金山银山"，成为具有良好生态环境的茶叶生产基地和旅游度假胜地，也是一个集茶叶生产、生态林改造、园林绿化与旅游观光度假于一体的生态农业示范区。

2. 将生态发展理念注入新农村建设

雁南飞茶田景区十分注重生态发展理念，推动实现以最小的生态资源环境代价支撑乡村经济持续健康发展。在开发景区和帮扶建设新农村的过程中，雁南飞公司引导村民关注生态，参与环境保护工作。如区域内长教新村农民新居项目，该项目在拆除危旧房、集约土地后建设起来，占地约 3 万平方米，投入 7000 多万元，建成了 100 套共约 2.2 万平方米的农民新居，每套建筑面积约 200 平方米，建设成本达 45 万元。其中，群众自筹 15 万元即可拎包入住，其余部分全部由企业捐赠。[②] 同

---

① 碧禾：《农业旅游为创意农业添彩——记梅县雁南飞茶田有限公司》，《农产品加工》2010 年第 2 期。

② 数据来自调研数据——考察点简介（梅县，2021 年 5 月）。

时，旅游资源开发也使乡村具备满足吃、住、行、游、购、娱六要素方面需求的条件，具体包括道路交通、通信、医疗、厕所等基础设施建设，乡村村容整治和垃圾污染处理，保持建筑特色和传统饮食习惯，保证卫生和食物安全等一系列内容。① 新村建成后，全村还完善了污水、自来水等其他基础设施，堪称新农村建设的典范。

二　分析讨论：乡村旅游与生态环境之处理机制

在乡村旅游发展过程中，我们始终强调保护生态环境的重要性，因为乡村旅游不可避免地会对生态环境造成一定程度的影响。在"一核""一带""一区"乡村旅游发展案例中，政府、村民和企业等主体协同推动乡村旅游的高质量发展，不仅科学合理地保护了自然生态，而且维护改善了乡村环境，助推文旅资源转化为经济收益，促进了乡村旅游可持续发展。

（一）应对机制：乡村旅游与生态环境治理主体行为分析

乡村旅游与生态环境治理涉及多元化主体，不仅包括政府、旅游公司、当地居民，而且包括非政府组织和行业协会等。在乡村旅游发展过程中，各社会主体或利益相关者联系在一起，多方共同应对乡村生态环境问题，为乡村旅游发展提供有力支撑，促进乡村旅游目的地可持续发展。

1. 政府发挥积极主导功能，推动乡村生态环境逐步改善

政府主要包括村隶属的地方政府、自然景区和旅游景点的主管部门等。政府既是乡村旅游公共资源调配者，也是社会整体利益维护者，不仅追求地方收入等经济利益，也关注村民就业、环境影响等社会效益问题，积极推进乡村生态环境和公共空间改善。很长一段时间内，地方政府对农村生态环境保护的积极性不是很高，甚至为了发展经济不惜破坏乡村生态环境，以致环境成为发展经济的牺牲品。然而，近年来，政府

---

① 谢莉、刘昭云：《乡村旅游·客家文化与社会主义新农村建设——以梅州雁南飞茶田度假村为例》，《安徽农业科学》2009 年第 12 期。

考核逐渐弱化 GDP，强化环境方面的考查，细化考评内容和评分规则，提升生态环境考核比重，系统考核"显性"经济绩效与"潜性"生态绩效，不断提升基层政府对生态管理预期收益认识，逐渐加大生态环境治理力度。

农村人居环境治理的公共物品属性决定了政府不可替代地扮演着重要角色，政府政策不仅会影响旅游空间结构，而且对乡村生态环境治理具有引导作用。由于生态保护和环境建设的正外部性、生态破坏和环境污染的负外部性、生态权力和环境信息的不对称性以及生态资源和环境治理的公共性等特点，市场在配置生态资源时经常失灵，需要地方政府进行有效的生态管理。① 特别是在乡村旅游引发生态环境问题且很难明确界定产权的情况下，政府的主导作用至关重要。

2. 村民发挥关键主力作用，积极参与乡村生态环境治理

当地村民是乡村旅游资源的一部分，也是发展乡村旅游的主体，他们的生活和生产方式构成了当地重要的人文景观。农村人居环境的正外部性与公共产权属性使身为理性经济人和社会人的村民参与环境治理不仅是一种利他、亲环境的行为，更是一种经济行为，村民在参与的过程中会存在"搭便车"现象。同时，村民环境治理参与行为是有计划的环境供给决策行为，遵循计划行为理论，② 该理论强调个体意愿是影响行为的关键因素，而意愿由行为态度、主观规范和对行为的感知控制三个变量共同决定。③ 村民是简单的个体，在保护乡村生产和生活环境的时候，需要自己承担生态环境治理成本，而生态治理成果和收益却可以共享。所以，乡村旅游目的地会出现部分村民往往只关心自身利益而忽视自然生态环境和社会公共环境的现象。由于生态环境的地域性、外部

① 沈满洪：《论环境问题的制度根源》，《浙江大学学报》（人文社会科学版）2000 年第 3 期。

② 赵新民、姜蔚、程文明：《基于计划行为理论的农村居民参与人居环境治理意愿研究：以新疆为例》，《生态与农村环境学报》2021 年第 4 期。

③ I. Ajzen, "The Theory of Planned Behaviour: Reactions and Reflections," *Psychology & Health* 26 (2011): 1113 - 1127.

性和关联性，以及公共性、非竞争性和非排他性等属性，村民对环境的公共治理行为漠不关心，以致作为环境治理主体缺位，这也进一步加大了农村生态环境治理难度。

因此，在乡村旅游发展过程中，调动村民参与生态环境保护的积极性至关重要。良好的环境是发展乡村旅游的重要依托，不仅能增强乡村旅游发展竞争力，也能提高村民收入，加速当地经济发展。如果村民环保意识增强，并实践积极的环保行为，则有利于推动乡村旅游的可持续发展。逢简村让村民分享旅游收益，以分红的方式带动村民积极参与乡村生态环境维护；高村通过美丽乡村建设的外在环境改善，潜移默化地影响村民的环保行为，增强村民的环保意识，阳江市高村的乡贤自发与村民共建的力量推动了乡村居住环境的改善，美丽乡村建设又进一步增加了高村的魅力，装饰有各种手绘图案、干净整洁的街道、百米栈道和亭台楼阁等进一步增添了乡村生活魅力，吸引了大量游客；梅州雁南飞茶田景区将企业利益与农户收益捆绑在一起，开发采用了"公司＋基地＋农户"的农业产业化经营模式，并以每年补偿400千克/亩稻谷的标准租赁长教村的耕地及山坡地改种优质茶叶，共同推进乡村生态环境维护。以上案例提供了独特的经验和做法，将村民利益和乡村旅游发展整合到一起，强化了村民、政府和企业之间的沟通，使各方共享乡村旅游和生态环境的发展效益。乡村旅游使自然资源和生态资源的价值得到充分开发，拓展了农业景观生产功能，实现一地多用和多重创收，很多村民受益于此。发展旅游业可以增收致富，这必然激发村民维护乡村生态的自觉性，实现乡村旅游和生态环境发展的良性循环。

3. 文旅企业发挥示范引领效能，科学评判乡村生态环境承载力

文旅企业是乡村旅游相关的经营主体，包括企业集团经营主体、公司制经营主体、合伙制经营主体、农家乐个体经营户等。这些企业依托乡村旅游资源开拓发展市场，既受益于乡村旅游发展，也是乡村旅游发展的主力。企业在乡村旅游开发过程中，要提前对乡村的环境容纳量以及游客人流量做好科学合理的统计和规划，不能使旅游开发超越乡村承载力；应鼓励减少资源使用量，或通过技术创新等方式寻找可替代生产要素，减少对乡村生态环境的影响。然而，有些旅游经营者往往只关注自身经济收益，特别是在缺少政府监管和社会监督的情况下，希望实现经济利益最大化而转嫁环境污染成本，如一些文旅企业缺乏科学管理意识，对发展生态旅游认识不足，甚至采用恶性竞争的方式来实现自身利益的最大化，破坏了旅游市场秩序和乡村生态环境。

乡村旅游存在内生式与外源式等多种开发模式，雁南飞茶田景区采用外源式开发模式，其开发企业主导参与。企业在开发乡村旅游资源的过程中，遵循生态发展规律，强化科学规划和顶层设计，注重生态链保护和修复，尽可能地保持动植物原有的生存状态和原有地形地貌，推动实现了从"荒山秃岭"向"绿水青山"的蝶变。开发之前，该地区山上只长有矮小的马尾桉，杂草丛生，山地坡度大，土地贫瘠且保水能力差，水土流失严重，山体滑坡时有发生；开发以来，景区累计投入资金6.8亿多元，其中生态修复投入2.5亿多元，治理水土流失面积200多亩，改造林区面积1200多亩，建设防护林面积10000多亩，新增树种上百种，树木植被存量是开发前的10倍，生态环境质量和水资源保有量大幅提高。① 因此，梅州雁南飞茶田荒山生态修复被列入2019年公布的广东省国土空间生态修复十大范例提名名单，茶田景区也成为国家生态旅游示范区和全国绿化模范单位。

从事经济活动是文旅企业最主要的行为特征，在发展乡村旅游的过程中，文旅企业必然要和乡村资源、村民以及游客发生经济联系，其在提供文旅产品的同时也消耗了自然界的资源，并向环境排放了一定的污染物，从而破坏了当地生态环境。这种破坏一旦超过环境承载力，产生的结果不仅会影响乡村生态环境，而且不利于乡村旅游的可持续发展。

---

① 梅州雁南飞茶田景区：《梅州：【林地山体生态修复】昔日毛草岗 今朝雁南飞》，"梅州市创森办"专业号，2019年12月2日，http://mzcs.isenlin.cn/coohome/coserver.aspx?uid=19B4BE14D1A24E8EAF32B5A9147B16B5&aid=18F962D02F7A4D59A66D0E3BE35E9EF5&clid=9&t=29。

值得注意的是，文旅企业之间环境行为存在显著差异，由此对乡村生态环境也造成了不同程度的影响。大多数文旅企业能够主动处理废弃物，降低能源消耗，在污水处理、垃圾收集和环境整治等方面做了很多工作，不仅提升了企业形象，而且推动了乡村旅游可持续发展。

4. 游客积极躬身力行示范，主动维护乡村生态环境

游客是乡村旅游服务的需求方和消费者，也是旅游产品的评判者，他们追求自然淳朴、别具风情的生活体验，向往有别于城市的乡间小道、田园风光、民宿风情和乡土气息，期望体验原汁原味的乡村气息。所以，游客对原生态的乡村生活环境要求极高，旅游促使城市到乡村的大规模游客流动趋势逐渐增强，促进了城乡之间的互动，引发了城乡在生活和文化等方面的交流，也带动了乡村经济发展。但过多的游客光顾乡村，容易造成突发性和集中性的旅游消费，消耗各类文旅资源，特别是游客的不文明行为，挑战着乡村旅游目的地的环境承载力。在这种情况下，游客要积极主动地维护乡村生态环境，并以自己的实际行动带动当地人增强环保意识，推动乡村生态环境的改善。由此可见，乡村良好的生态环境提供了最为基础的体验，清新、干净的乡村必然能够吸引源源不断的游客，这在一定程度上也推动了乡村基础设施的改善和生态环境质量的提升。

（二）核心主旨：协调乡村旅游目的地各利益相关主体之间的关系

发展乡村旅游能够带来经济、生态和社会等方面的好处，但经济效益、生态效益和社会效益并不是统一的，时常处于非均衡状态，特别是经济效益和生态效益两者之间的矛盾易于激化。在这种情况下，我们更要协调利益相关主体之间的关系，积极维护乡村生态环境，处理好乡村旅游发展引发的生态问题，推动经济效益、生态效益与社会效益的协同发展。

1. 构建乡村旅游利益相关主体的和谐关系

一般而言，乡村旅游引发的生态环境问题主要集中在水、大气和生物环境等方面，生态代价的承受主体不仅包括游客、当地村民，而且涵

盖了政府和文旅企业。如果生态环境有恶化态势，就需要及时制止相关行为，并对亏损主体进行政策补偿、物质补偿或者资金补偿，以平衡利益相关主体之间的关系。政府部门应加强对生态补偿制度实施的监督，让生态补偿程序在法律的范围内运行，这样既可以保障补偿主体的利益不受损，又可以使遭到破坏的生态环境得到应有的补偿，通过建立科学合理的生态补偿机制，最终实现人类与自然的和谐发展、互利共赢，[①] 推动实现村民、企业与社会组织、政府等利益相关主体和谐关系的构建与发展。

在乡村旅游发展的调研案例中，很少涉及生态补偿，有些村以分红的形式对村民进行补贴，也没有提到所谓的生态补偿。文旅企业、当地政府、当地社区之间为了最终的经济利益可以就保护当地脆弱的生态达成最终妥协，进而促进当地社区旅游业的发展，使当地的社会环境整体和谐发展。[②] 如阳江高村在发展乡村旅游的过程中，村民不仅享受到生态绿色的田园乡居意趣，而且通过售卖土特产增加了家庭经济收入。村民、政府、企业等主体在乡村旅游发展过程中的发展诉求得到满足，既推动了美丽乡村建设，也推动了乡村旅游可持续发展。

所以，政府、企业和村民等利益相关主体比较重视乡村生态环境的维护，特别是各级政府部门对乡村生态环境治理高度关注，通过规划设计、政策指引和宣传公告等方式提前介入，将乡村旅游发展控制在生态环境可承受的范围之内，乡村旅游目的地利益相关主体总体会呈现比较和谐的状态。

2. 发挥多元主体合力，协同推动乡村生态环境良性发展

在处理乡村旅游目的地各类利益相关主体关系的时候，尽量平衡利益相关主体的正当权益要求，发挥多元主体合力，力求使各利益相关主

---

① 刘芬：《湖北省乡村旅游多元化生态补偿机制构建》，《中国农业资源与区划》2018 年第 6 期。

② 贾彦松：《生态脆弱地区社区参与式旅游的社区共享机制研究》，硕士学位论文，西南交通大学，2011。

体最大限度地合作，以便推动实现乡村旅游可持续发展。以梅州乡村生态环境治理为例，村委、理事会、经济组织等作为村民与政府、企业沟通的纽带，在捍卫村民利益、监督企业行为、宣传发动村民维护生态环境等方面发挥了重要作用。在云浮市朱所村创建 AAA 级旅游景区过程中，村委会和村民也发挥了重要作用，村委会创新激励机制，倡导村民参与垃圾分类工作，带动全体村民协同推进乡村生态治理工作，而良好的生态环境也为乡村旅游发展提供了重要支撑，推动实现了旅游景区创建与环境创新治理同步发展。所以，在乡村人居环境改善与治理过程中，村民、政府和企业等主体的发展诉求在很大程度上得到了满足，其收获均达到了预期值，虽然各利益相关主体之间偶有冲突，但总体而言，他们共同推动了乡村生态环境的改善。

第四节　研究结论和政策启示

乡村生态环境治理需要政府、企业、村民和社会等多元主体共同参与，遵循可持续发展原则，通过各种协调机制，联结政府、企业和居民等利益相关主体，强化顶层设计和科学规划，既为当代人创造发展乡村旅游的机会，又使旅游资源与生态环境实现传承发展与代际共享，共同推进乡村旅游目的地可持续发展。

一　激发乡村旅游地利益相关主体的主动性，协同参与生态环境治理

无论是乡村旅游发展，还是生态环境治理，都涉及政府、企业、村民等不同的利益相关主体，特别是乡村生态环境的维护和治理，这是一个相当复杂的系统工程。这就需要构建有效的参与协作机制，明确利益相关主体的边界，使其共同维护生态环境。

（一）加大政府统筹生态环境治理力度

在乡村生态环境治理过程中，政府要发挥多方协调机制的联通作

用，在宏观领域制定一系列生态环境保护制度，发挥其在环境问题上的监督、监察、防护和管理作用。[①] 首先，根据当地乡村生态资源的特征和治理的外部性，强化顶层设计，做好科学规划，整合政策、土地、劳动力、技术和资金等要素禀赋，提升乡村旅游的发展质量和服务水平，推动乡村生态环境实现共商共建共管共享，为促进农民创业增收提供新的途径，扩大农村剩余劳动力就业规模，增加农民收入；其次，在保护当地生态环境的前提条件下，通过旅游要素的所有权、使用权、经营权的改造和重组，引入更多的社会资本，发挥文旅企业作用，运用税收、行政等手段，引导规范企业等的环境行为；最后，开展环保宣教工作，动员企业、社会、农民参与乡村生态环境治理，呼吁企业承担社会责任，鼓励文旅企业绿色发展，调控自然生态资源利用与企业的生产行为；等等。

（二）强化村民参与生态环境治理的主体地位

在乡村旅游发展和生态环境改善过程中，村民作为直接的利益相关者，是乡村环境治理的重要主体，让他们积极参与环境治理、发挥"主场"优势，对推动乡村环境改善具有重要意义。要充分尊重当地村民的利益，综合考虑村民的各种诉求和愿望，发挥乡贤、热心村民的示范带头和倡议协调作用，通过建立有效的参与机制、健全生态环境治理的决策程序和激励机制，引导村民群众积极参与乡村生态环境治理，增强环保意识，发挥主体作用，切实践行绿色生产与生活理念，切实开展垃圾分类，从源头上控制生产和生活污染，降低乡村生态环境污染概率。同时，保障村民的环境知情权和表达权，动员村民参与乡村生态环境治理的事前、事中、事后各个阶段，推动实现乡村生态环境共建共治共享的发展目标。

（三）有效发挥企业、环保组织等社会组织的力量

生态环境保护与治理是乡村旅游发展的基础，应发挥企业和各种非

---

① 赵成、于萍：《生态文明制度体系建设的路径选择》，《哈尔滨工业大学学报》（社会科学版）2016 年第 5 期。

政府组织的独特优势，努力将乡村建设成生态环境保护与治理的有效载体。企业是市场的主体，不应仅仅局限于对经济利益最大化的追求，而要有高度的社会责任感，转变生产观念，发展绿色经济，向清洁生产模式转型，从源头上保护生态环境。强化乡村环保社会组织培育工作，环保组织作为政府与村民、企业沟通的桥梁，具有反映各方诉求、沟通彼此需求的功能，应该利用自身优势和技术所长，提供多样化的公共服务，动员村民参与村委、社会机构成立的环境类自治组织。鼓励文旅企业和环保组织开展有效的交流和合作，基于社会责任感共同参与乡村生态环境治理，积极拓展治理资金来源渠道，协力推动乡村生态环境改善。如逢简村在成立公司进行景区管理的同时，还引入了社会组织参与乡村建设，岭南乡村建设研究院、国家艺术基金乡村建设培训基地、渠岩艺术乡建工作室均落户逢简村，为逢简村水乡发展和生态环境美化提供了智力支持。

二　强化乡村旅游地生态教育，发挥政策指引的行动效力

村民、游客和文旅企业经营者等是参与乡村旅游的重要主体，也是维护乡村生态环境的主要力量。环境宣教和文化教育等方式有利于增强社会公众环境保护意识，完善生态环境相关部门之间的协调机制，有助于生态环境维护、人文景观保护和乡村旅游可持续发展。

（一）加强生态环保教育与生态文明传播

大力增强社会公众的生态环保意识，充分利用乡村既有的社会资本和异质性资源，增加各主体之间的互动信息量，强化生态环保教育。首先，村民是保护乡村生态环境的主体，要增强村民环境保护意识，把对村民的环境教育摆在首要位置，这不仅是生态文明建设的精神保障，也是促进乡村旅游生态化转型的关键环节。其次，要提升乡村旅游经营者生态服务的理念，增强他们的生态保护意识，及时发现乡村生态环境治理过程中存在的显性问题和隐性危机，奖励做出贡献的企业，使企业争做乡村生态文明的传播者，提高游客对乡村生态的满意度。最后，建立

乡村生态环境治理信息沟通平台，利用微信公众号、媒体等渠道，及时披露环境影响评价信息，曝光乡村生态环境治理中的不作为现象，在反馈治理效果与评价治理过程的动态机制中，促进乡村生态环境治理的改善。

（二）发挥政策法律的引导作用

乡村旅游容易产生一系列危害生态环境的问题，为了尽可能地减少对乡村生态环境的不利影响，必须发挥有效政策的指引作用。行政制度、法律体系以及社会规范体系等在引导农村居民的环境治理行动意向方面发挥重要作用，应通过制度体系和法律政策来约束村民和企业等主体的环境行为，引导培养他们的规则意识，管控破坏生态的行为，使其遵守生态环境规范。特别是当企业、村民等利益相关主体缺少协调导致乡村生态环境保护工作无法带来规模经济效应的时候，要从资本要素、土地要素、经营许可和环保标准等方面规范生态管理，破解乡村生态环境治理中制度零散、单一的困境。通过构建乡村生态环境治理体系，完善生态环境保护政策，填补乡村生态管理中"空白区"，特别是乡村旅游发展过程涉及的食品卫生、安全消防、垃圾处理等标准体系的空白，增强政策的诱导性和激励性，提升乡村旅游生态管理水平，推动乡村旅游产业实现绿色发展。

发展乡村旅游不可避免地会对自然和文化资源产生一定的损耗，也可能会产生环境污染。在这种情况下，乡村旅游目的地生态环境治理需要契合乡村生活环境和生产生活方式，建立健全长效维护机制，以科学理论为指导，树立绿色生态发展理念，发挥政府主导作用，统筹调度资源，发挥村民自主性，撬动"主场"资源，发挥企业引领效能，鼓励社会多元力量参与乡村生态环境维护与治理，建构多元主体参与机制，完善多方联动机制，共商共建共管共享，形成政府、市场、社会和法律协同合力，促进乡村旅游提质增效与可持续发展，形成乡村旅游经济与生态环境保护协同发展的双赢局面。

第七章　全球农村生态环境治理研究可视化分析

本章基于科学计量学相关方法，借助中英文科技文献，结合社会网络分析相关理论，对全球农村生态环境治理相关文献进行可视化分析，试图鉴别农村生态环境治理研究的一些特征。本章的研究结果将有助于研究者获得关于该领域研究起源、现状、趋势和成果的知识总揽，为今后的研究提供理论参考和方法支持，并帮助相关领域的学者们了解不断发展的农村生态环境治理研究领域持续的知识更新。

第一节　数据与方法

一　数据来源

本章的引文数据来自 Web of Science（WoS）核心合集数据库。[①] 具体的数据获取流程如下。

首先，数据下载与检索。检索条件设置如下。

TITLE：[（govern ＊ OR treat ＊ OR manage ＊）AND（countrysid ＊ OR

---

① K. Hu, H. Wu, K. Qi, et al., "A Domain Keyword Analysis Approach Extending Term Frequency-Keyword Active Index with Google Word2Vec Model," *Scientometrics* 114 (2018): 1031 – 1068; Y. Jin, X. Li, "Visualizing the Hotspots and Emerging Trends of Multimedia Big Data through Scientometrics," *Multimedia Tools and Applications* 78 (2019): 1289 – 1313.

rural OR villag * ）] AND TOPIC：（ecologic * civilization OR conservation culture OR eco-civilization OR ecologic * culture OR garbage OR refuse OR rubbish OR junk OR surrounding * OR environment * OR effluent * OR sewag * OR wastewater OR water OR contaminat * OR pollut * ）AND LANGUAGE：（English）AND DOCUMENT TYPES：（Article）.

Timespan：All years. Indexes：SCI-EXPANDED，SSCI，A&HCI，CPCI-S，CPCI-SSH，ESCI，CCR-EXPANDED，IC.

其次，数据清理。通过检查引文标题、摘要、关键词等字段，删除重复数据和无关数据。

最后，确定分析数据。留下的 2036 篇文献引文信息构成本章数据库，用于后续深入分析。这些引文数据包含了完整的元数据信息，如机构、期刊、国家、关键词和参考文献等。

二 研究方法

在本章中，Excel 用于绘制直方图，Echarts 用于分析知识团体合作关系。HistCite 用于计算 LCS 和 GCS 指标，需要说明的是，TLC 和 TGC 是文献计量软件 HistCite 中使用的索引，[①] LCS（local citation score）表示某文献在本地数据集中的被引用次数，表征该文献在本领域的重要性；GCS（global citation score）表示某文献在整个数据库中的总被引用次数，表征某文献在所有领域的影响力。[②] 通常情况下，LCS 低于 GCS，这些指标有助于确定农村生态环境治理相关研究中，对本领域及整个科学界有重要影响的时间节点及知识单元。此外，CiteSpace 被用于谱聚类分析。谱聚类分析算法是一种基于图论的分析算法，与其他聚类分析算法（如 K-means 聚类和 EM 算法）相比，谱聚类分析算法能突破数据

---

① E. Garfield, "From the Science of Science to Scientometrics Visualizing the History of Science with HistCite Software," *Journal of Informetrics* 3 (2009)：173 – 179.

② E. Garfield, "From the Science of Science to Scientometrics Visualizing the History of Science with HistCite Software," *Journal of Informetrics* 3 (2009)：173 – 179.

类型的制约，可在任何数据空间中收敛到全局最优值，该算法在基于连接关系而不是节点属性的共引用网络聚类方面具有明显的优势。[①]

第二节　结果与讨论

一　农村生态环境治理研究文献概况

（一）总体趋势

由图 7 - 1 可知，农村生态环境治理相关论文最早出现在 1973 年。1986 年后每年都有文献出版。2006 年开始，发文量持续波动上升，并于 2019～2020 年达到峰值。LCS 值和 GCS 值第一个峰值出现在 2009 年，表明农村生态环境治理相关的出版物在这一年引起了本领域及整个科学界的关注。此后的几年，LCS 值出现回落，但 2015 年再次达到峰值。GCS 值同样在 2009 年第一次达到峰值后短暂回落，但很快又于 2011 年达到研究时段内最高值，说明农村生态环境治理相关研究在 2011 年引起了整个科学界的高度关注。虽然 2015 年后 LCS 值与 GCS 值呈现波动下降趋势，但并不意味着学界对相关研究失去了兴趣，相反，在 2015 年后的几年里，相关文章的出版量（发文量）持续上升。这种现象可能是论文引用的滞后性导致的，即论文发表后需要经历一段时间才能获得被引量。一般情况下，出版物的被引量与发表时间成正比，在一定的时间区间内，发表越早的文章，被引量越大。比较图 7 - 1 中 LCS 值和 GCS 值曲线可以看出，1989 年后这两条曲线的变化趋势存在一定程度的动态延迟相似性。这说明 1989 年后农村生态环境治理研究对本领域及对整个学界的影响模式呈现较高的一致性。

通过检索这些发表于峰值年份的文献发现，2009 年和 2015 年 LCS 值最高的文章分别为 "How Well is the Demand-Driven, Community Man-

---

① 李杰、陈超美：《CiteSpace：科技文本挖掘及可视化》，首都经济贸易大学出版社，2016。

agement Model for Rural Water Supply Systems Doing? Evidence from Bolivia，Peru and Ghana"[①]、"Performance of System Consisting of Vertical Flow Trickling Filter and Horizontal Flow Multi-Soil-Layering Reactor for Treatment of Rural Wastewater"[②]。2009 年、2011 年 GCS 值最高的文章分别为"Enhancement of Nitrogen Removal in Towery Hybrid Constructed Wetland to Treat Domestic Wastewater for Small Rural Communities"[③] 及 "Performance of Integrated Household Constructed Wetland for Domestic Wastewater Treatment in Rural Areas"[④]，分别获得 155 次和 101 次的 GCS 值。这 4 篇最受关注的论文研究对象均是农村生活污水处理和供水系统，说明关于水的治理问题是世界农村生态文明建设与治理最关注的问题。

（二）活跃期刊及主要知识流

期刊是研究成果的直接载体和学术活动的重要渠道，表 7 - 1 总结了农村生态环境治理研究发文量最大的 10 个期刊。从表 7 - 1 可知，*Water Science and Technology* 是农村生态环境治理中发表论文最多的期刊，同时也是 GCS 值最高的期刊，表明该期刊不仅活跃，而且在农村生态环境治理以外的研究领域拥有较高的知名度。*Science of the Total Environment* 的 LCS 值最高，这意味着该期刊拥有很高的领域认可度。*Journal of Rural Studies* 虽然在发文量排名前 10 的期刊中排名靠后，但其 GCS 值高达 503 次，刊载的研究成果得到整个学术界的高度关注。同

---

① D. Whittington, J. Davis, L. Prokopy, et al. , "How Well is the Demand-Driven, Community Management Model for Rural Water Supply Systems Doing? Evidence from Bolivia, Peru and Ghana," *Water Policy* 11 (2009): 696 – 718.

② Y. Zhang, Y. Cheng, C. Yang, et al. , "Performance of System Consisting of Vertical Flow Trickling Filter and Horizontal Flow Multi-Soil-Layering Reactor for Treatment of Rural Wastewater," *Bioresource technology* 193 (2015): 424 – 432.

③ F. Ye, Y. Li, "Enhancement of Nitrogen Removal in Towery Hybrid Constructed Wetland to Treat Domestic Wastewater for Small Rural Communities," *Ecological Engineering* 35 (2009): 1043 – 1050.

④ S. Wu, D. Austin, L. Liu, et al. , "Performance of Integrated Household Constructed Wetland for Domestic Wastewater Treatment in Rural Areas," *Ecological Engineering* 37 (2011): 948 – 954.

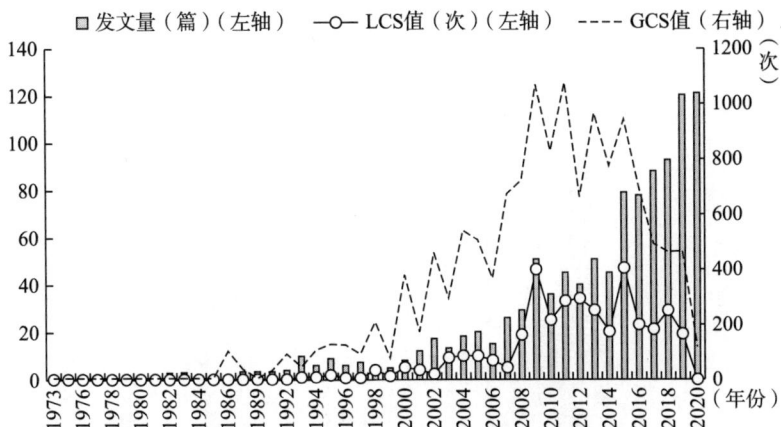

图 7-1　1973～2020 年农村生态环境治理相关论文情况

时，本章也注意到 *Water*、*Plos One*、*Sustainability*、*International Journal of Environmental Research and Public Health* 等开源期刊的 LCS 值都很低，但 GCS 值都比较高，这一结果意味着开源期刊是学者们获取科普知识的重要来源。

表 7-1　农村生态环境治理研究发文量最大的 10 个期刊

单位：篇，次

期刊名	发文量	LCS 值	GCS 值
Water Science and Technology	42	19	546
Sustainability	24	4	142
Water	19	1	96
Journal of Cleaner Production	17	20	334
Science of the Total Environment	16	22	319
Plos One	13	0	152
Desalination and Water Treatment	12	0	38
International Journal of Environmental Research and Public Health	12	3	132
Journal of Environmental Management	12	8	151
Journal of Rural Studies	12	8	503

图 7-2 为农村生态环境治理论文刊载期刊双图叠加知识流动图谱，

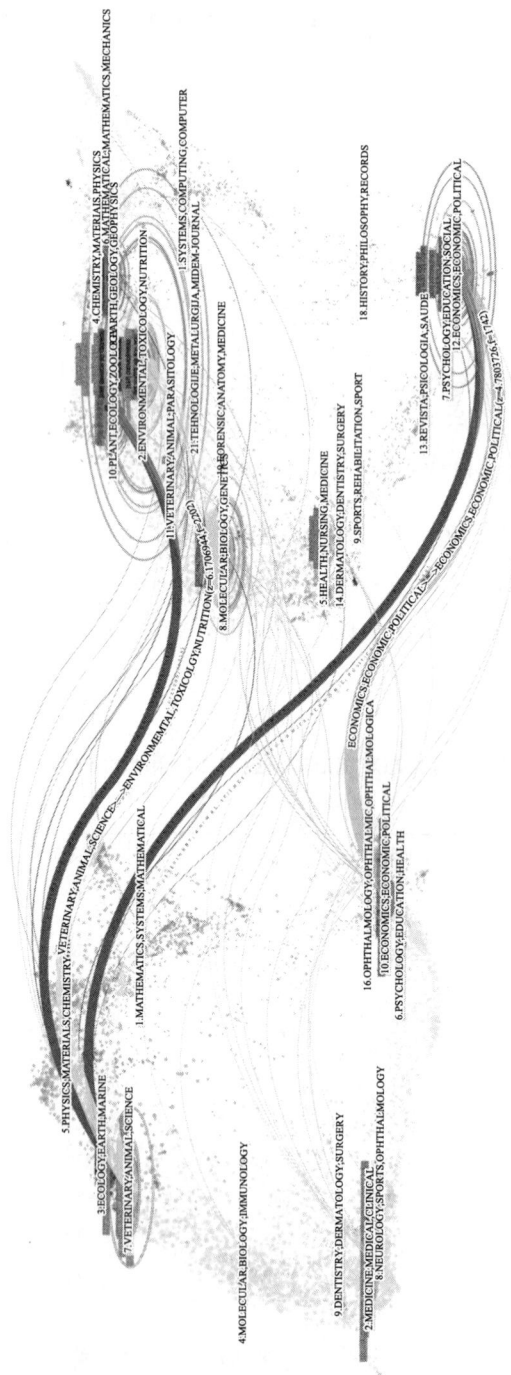

图 7 - 2　农村生态环境治理论文刊载期刊双图叠加知识流动图谱

左侧是基于施引期刊的知识图,右侧是基于被引文献所刊载期刊的知识图,椭圆长轴长度与所对应知识相关论文的数量成正比,短轴长度与相应被引知识论文的数量成正比。曲线的流动方向展现了知识流动的轨迹。[①] 由图 7 - 2 可知,动物学、兽医(施引图部分编号 7)相关研究方向的文献主要引用环境科学、毒理学、营养学、植物学、生态学、动物学、经济学、政治学(被引图部分编号 2、10、12)等学科期刊的文章。生态学、地球科学、海洋学(施引图部分编号 3)相关方向研究的知识源泉有植物学、生态学、动物学、经济学、政治学等。此外,经济学、政治学等相关研究方向文献的主要知识来源为经济学、政治学,同时包括了分子学、生物学、基因科学、护理学和医学。这说明农村生态环境治理问题获得了包括自然科学和社会科学在内的多种学科的广泛讨论,形成了一个综合性较高的知识体系。

(三)国家/地区特征

各国家和地区在农村生态环境治理研究中扮演着不同的角色(见表 7 - 2)。美国(USA)、中国(China)、英国(UK)是农村生态环境治理研究最为活跃的三个国家。其中,美国的发文量和 GCS 值最高,分别为 234 篇和 3905 次,说明美国在农村生态环境治理研究中拥有最高的研究活跃度和全球影响力。中国则拥有最高的领域影响力(LCS 值为 170 次)。值得注意的是,危地马拉(Guatemala)是表 7 - 2 中发文量最少(5 篇)的国家,但其 LCS 值却排在第 6 位,表明该国的研究得到本领域的广泛认可。相似地,西班牙(Spain)发文量也相对较少,但 GCS 值却排在第 7 位,意味着西班牙相关研究机构在农村生态环境治理方面的研究成果被科学界广泛应用于其他领域的研究中。

图 7 - 3 描述了农村生态环境治理研究发文量前 20 的国家的学术合作关系,图中扇环面积与其对应国家的总合作发文量成正比,国家间连

---

① 李杰、陈超美:《CiteSpace:科技文本挖掘及可视化》,首都经济贸易大学出版社,2016。

表 7 - 2　农村生态环境治理研究中最活跃的 10 个国家

单位：篇，次

发文量前 10 名			LCS 值前 10 名			GCS 值前 10 名		
国家	发文量	LCS 值	GCS 值	国家	发文量	LCS 值	GCS 值	国家	发文量	LCS 值	GCS 值
USA	234	96	3905	China	166	170	2209	USA	234	96	3 905
China	166	170	2209	USA	234	96	3905	China	166	170	2 209
UK	109	44	1619	UK	109	44	1619	UK	109	44	1 619
Australia	76	16	926	Canada	51	29	741	Australia	76	16	926
India	65	14	627	Netherlands	46	24	731	Canada	51	29	741
South Africa	59	14	503	Guatemala	5	21	302	Netherlands	46	24	731
Germany	57	17	683	Japan	32	20	419	Spain	41	11	686
Canada	51	29	741	Germany	57	17	683	Germany	57	17	683
Netherlands	46	24	731	Australia	76	16	926	India	65	14	627
Spain	41	11	686	India	65	14	627	South Africa	59	14	503

线的宽度与两国合作发文量成正比。在这 20 个国家中，荷兰（Netherlands）在图 7 - 3 中的扇环面积最大，并且与四个国家有过合作，是该领域研究国际合作程度最高的国家。紧接着是美国（USA）和英国（UK），它们分别与三个国家有过合作发文。中国活跃度位居前三，与美国和加拿大合作较多，中国文献的高 LCS 值特征在某种程度上反映了中国农村生态环境治理具有明显的本土特征。值得注意的是，澳大利亚（Australia）和印度（India）虽然发文量位居全球前列，但它们在图 7 - 3 中所占比重较小（甚至没有出现），表明它们的研究合作多是在国内机构间展开的，国际合作程度较低。

（四）研究机构特征

表 7 - 3 显示了农村生态环境治理研究中最活跃的 10 个机构，表中的机构不仅包括了大学和科研院所，还包括了公司（Procter & Gamble Co，宝洁公司）及联合国专门机构（World Bank，世界银行）。通过翻阅它们的文章可以发现，研究内容包括空气净化、水处理产品的开发和推广，以及对人们进行生态文明建设相关内容的教育等。由表 7 - 3 可

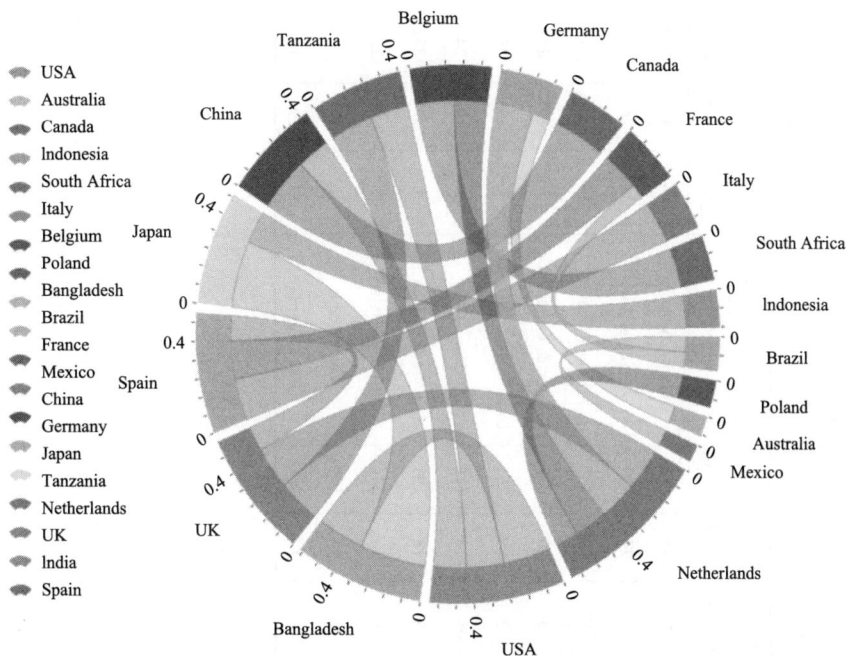

图 7-3 农村生态环境治理研究发文量前 20 的国家的学术合作关系

知，农村生态环境治理方面，单一机构的发文数量都不多，但各机构在研究中涉及的内容和关注的问题非常丰富。

发文量前 10 的机构中，美国和中国各有 3 个。但 GCS 值排名前 10 的机构中，来自美国的机构占了 5 个，中国占 2 个，它们的研究成果被广泛应用于其他领域的研究中，并得到整个学术界的认可。在单一的机构层面，中国科学院（Chinese Acad Sci）、埃默里大学（Emory Univ）和浙江大学（Zhejiang Univ）是最活跃的三个机构，它们拥有很高的领域影响力和全科学界影响力。值得一提的是，表 7-3 中危地马拉瓦勒大学（Univ Valle Guatemala）虽然发文量较少，但 LCS 和 GCS 值分别排在第 3、5 位，说明该机构的研究成果对农村生态环境治理研究领域和整个学术界来说具有较高的学术和应用价值。

图 7-4 为农村生态环境治理研究发文量前 20 的机构合作关系和弦图，其中只有 10 个机构出现在和弦图中，另外 10 个机构未出现在和弦

表 7 - 3 农村生态环境治理研究中最活跃的 10 个机构

单位：篇，次

发文量前 10 名				LCS 值前 10 名				GCS 值前 10 名			
机构	发文量	LCS 值	GCS 值	机构	发文量	LCS 值	GCS 值	机构	发文量	LCS 值	GCS 值
Chinese Acad Sci	28	44	416	Chinese Acad Sci	28	44	416	Chinese Acad Sci	28	44	416
Emory Univ	14	8	276	Zhejiang Univ	12	24	327	Zhejiang Univ	12	24	327
Zhejiang Univ	12	24	327	Univ Regina	11	19	182	Emory Univ	14	8	276
Univ Chinese Acad Sci	12	13	88	Procter & Gamble Co	3	19	274	Procter & Gamble Co	3	19	274
Univ Regina	11	19	182	Univ Valle Guatemala	3	19	261	Univ Valle Guatemala	3	19	261
Wageningen Univ	10	4	172	North China Elect Power Univ	8	18	119	Stanford Univ	9	17	246
Stanford Univ	9	17	246	World Bank	4	18	191	Univ Michigan	4	0	233
Univ KwaZulu Natal	9	2	103	Stanford Univ	9	17	246	Univ Queensland	8	4	230
Univ Tokyo	9	5	85	Univ N Carolina	6	17	156	World Bank	4	18	191
Southeastern Univ	9	15	76	Concordia Univ	5	17	69	Univ Regina	11	19	182

图中并不是因为发文量为零，而是因为它们的论文都是独立完成的，没有机构间的合作。中国的高校和研究机构之间合作最为密切。其中，中国科学院的机构间合作程度最高，与 5 个机构有过合作，最大的合作伙伴为中国科学院大学（Univ Chinese Acad Sci）。上海交通大学（Shanghai Jiao Tong Univ）排第 2，与 3 个机构有过合作。北京师范大学（Beijing Normal Univ）和华北电力大学（North China Elect Power Univ）是彼此最大的合作伙伴。

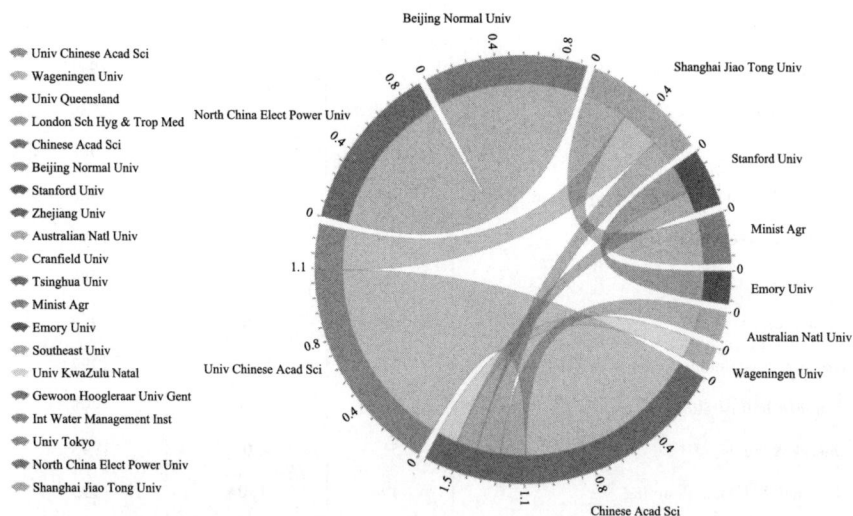

Univ Chinese Acad Sci
Wageningen Univ
Univ Queensland
London Sch Hyg & Trop Med
Chinese Acad Sci
Beijing Normal Univ
Stanford Univ
Zhejiang Univ
Australian Natl Univ
Cranfield Univ
Tsinghua Univ
Minist Agr
Emory Univ
Southeast Univ
Univ KwaZulu Natal
Gewoon Hoogleraar Univ Gent
Int Water Management Inst
Univ Tokyo
North China Elect Power Univ
Shanghai Jiao Tong Univ

图 7 - 4　农村生态环境治理研究发文量前 20 的机构的合作关系

（五）领域特征

对特定主题的研究，往往涉及多个领域，通过分析这些研究领域的构成，可揭示该主题的领域融合特征及各领域在该主题研究中所扮演的角色。[①] 本章将通过对研究领域的统计来分析农村生态环境治理研究所涉及的重点研究领域及它们之间的关系。[②]

---

① 李杰、陈超美：《CiteSpace：科技文本挖掘及可视化》，首都经济贸易大学出版社，2016；陈悦、陈超美、胡志刚：《引文空间分析原理与应用：CiteSpace 实用指南》，科学出版社，2014。

② Z. Liu, Y. Yin, W. Liu, et al., "Visualizing the Intellectual Structure and Evolution of Innovation Systems Research: A Bibliometric Analysis," *Scientometrics* 103(2015): 135 - 158.

WoS 数据显示，农村生态环境治理研究涉及 104 个研究领域，它们共出现 3511 次。由表 7 - 4 可知，Environmental Sciences（环境科学）是出现频次最多且出现年代最早的领域，共出现 980 次，占总频次的27.91%。Ecology（生态学，463 次，13.19%）和 Engineering（工程学，348 次，9.91%）出现频次分列第 2、3 位。

表 7 - 4   农村生态环境治理研究中最活跃的 22 个研究领域

研究领域	频次（次）	中介中心性值	首次出现年份
Environmental Sciences	980	4.03	1988
Ecology	463	1.28	1995
Engineering	348	1.09	1989
Water Resources	285	0	1988
Public, Environmental & Occupational Health	114	0.16	1988
Science & Technology	104	0	1997
Geography	75	0	1986
Agriculture	68	0	1988
Green & Sustainable Science & Technology	62	0.17	1997
Public Administration	55	0.71	1995
Energy & Fuels	51	0	1995
Regional & Urban Planning	49	1.04	1995
Business & Economics	46	0	1991
Economics	42	0.34	1991
Social Sciences	39	0.08	1995
Development Studies	39	0.23	1993
Tropical Medicine	37	0	1991
Engineering, Civil	37	0	1989
Geology	37	0	1989
Geosciences, Multidisciplinary	30	0.16	1989
Health Care Sciences & Services	25	0	1993
Chemical	27	0	2009

图 7 - 5 为农村生态环境治理研究领域共现关系图谱，由图 7 - 5 和

表7－4可知，Environmental Sciences、Ecology、Engineering位于网络的中心位置，拥有最高的中介中心性值：4.03、1.28、1.09。值得注意的是，Regional & Urban Planning（城乡规划）和Public Administration（公共管理）出现频次虽然分别只有49次和55次，但其中介中心性值却分别为1.04、0.71。因此，这两个研究领域也被认为是农村生态环境治理跨学科研究的重要桥梁领域。

图7－5　农村生态环境治理研究领域共现关系

从时间顺序上看，全球农村生态环境治理研究逐步深化，涉及研究领域越发丰富。20世纪80年代，研究主要集中在地理、环境科学、水资源、公共环境与职业健康、农业、工程和地质等理工学科大类。到20世纪90年代，人们在经济、公共管理、城乡规划和可持续发展等社会科学领域也对世界农村生态环境治理展开了研究，而原来的研究领域中的研究则逐渐深化和多元化，涌现大量细分领域和交叉学科方向。此外，Chemical 在 2009 年首次成为农村生态环境治理研究领域，但其出现频次也进入前 22 名，说明该领域可能是未来农村生态环境治理研究新的重点领域。

二 农村生态环境治理研究共现网络分析

（一）文献共引分析

为了探测农村生态环境治理论文中重要的参考文献、论文间关系及其演变，本节引入社会网络分析相关理论和方法，对参考文献进行共引关系分析，并使用 CiteSpace 软件对其进行可视化展示[①]。如图 7 - 6 所示，本章将 1986 ~ 2020 年分为 7 段，每段提取了被引数最高的 20 个期刊，并使用 Pathfinder 算法，对网络进行了修剪，绘制了被引文献共现关系图谱。图谱由 185 个节点、320 条边组成。与顶部的色带对应的颜色表征时间，节点表征文献，包裹节点的圆环表征文献被引的历史，圆环的厚度与被引次数成正比例关系。中心性值越高，表明该文献对该领域的影响力越大。根据参考文献的施引文献研究主题，图 7 - 6 中的文献被大致分为 6 个集群，每个集群的一部分重要文献被列在表 7 - 5 中。

1. 农村污染管理议题

集群 1 的施引文献主要关注了与生活垃圾、污水、污染物等处理和管理相关的研究。主要参考文献包括 Massoud MA（2009）、Wang LM（2011）、Wu SB（2011）、Zhang Y（2015）和 Song P（2018）等。其中，Massoud 等对废水处理和管理的方法进行了综述，在此基础上，讨论了这些方法在发展中国家（主要是农村地区）的适用性及面临的挑战，并提出了应对的策略。[②] Wang 等介绍了一种新型的蚯蚓污水三级过滤系统的

---

① 李杰、陈超美：《CiteSpace：科技文本挖掘及可视化》，首都经济贸易大学出版社，2016。

② M. A. Massoud, A. Tarhini, J. A. Nasr, "Decentralized Approaches to Wastewater Treatment and Management: Applicability in Developing Countries," *Journal of Environmental Management* 90 (2009): 652 – 659.

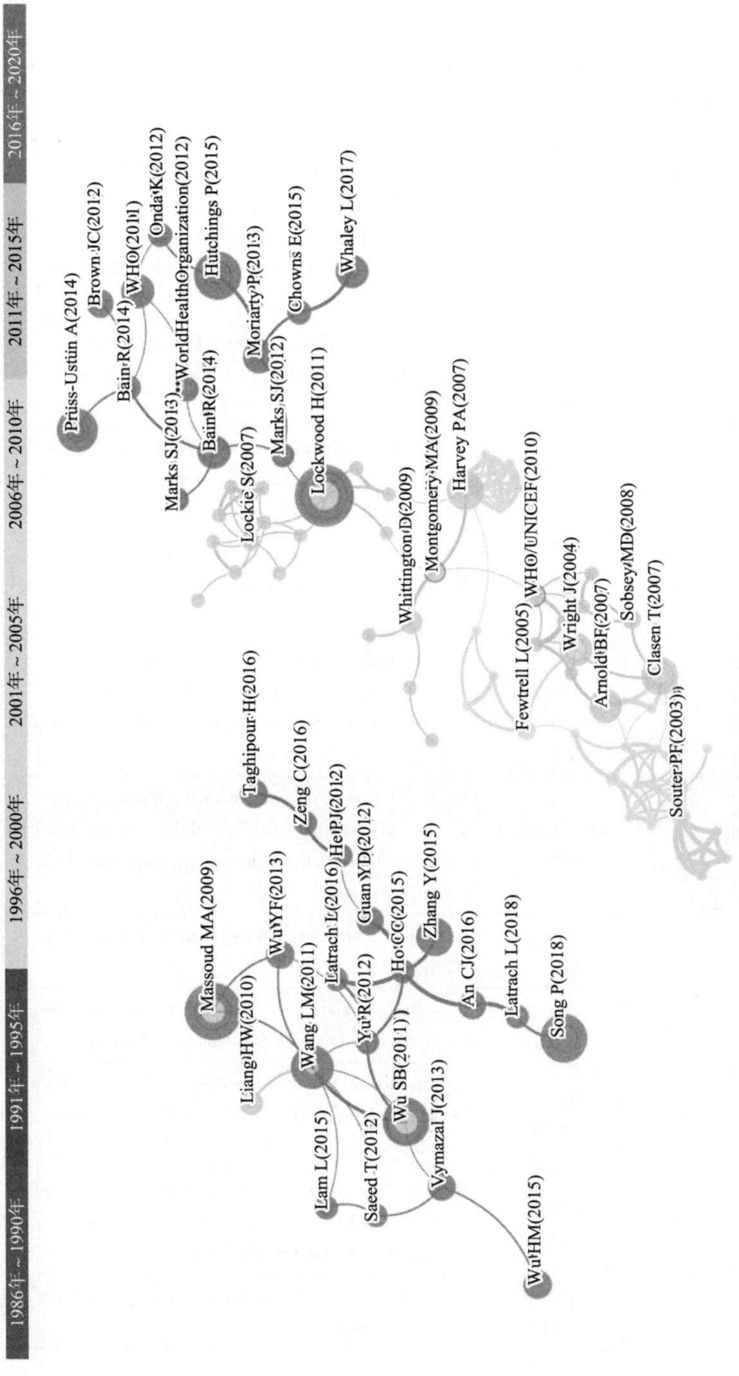

图 7 - 6　农村生态环境治理研究被引文献共现关系

表 7 - 5　农村生态环境治理研究部分重要参考文献列表

单位：次

频次（次）	中心性值	节点名	文献题目	集群
12	0.14	Lockwood H（2011）	*Supporting Rural Water Supply: Moving Towards a Service Delivery Approach*	3
12	0.01	Massoud MA（2009）	Decentralized Approaches to Wastewater Treatment and Management: Applicability in Developing Countries	1
10	0.01	Hutchings P（2015）	A Systematic Review of Success Factors in the Community Management of Rural Water Supplies over the Past 30 Years	2
10	0	Song P（2018）	Treatment of Rural Domestic Wastewater Using Multi-Soil-Layering Systems: Performance Evaluation, Factorial Analysis and Numerical Modeling	1
10	0	Wu SB（2011）	Performance of Integrated Household Constructed Wetland for Domestic Wastewater Treatment in Rural Areas	1
9	0.03	Wang LM（2011）	Enhancement of Rural Domestic Sewage Treatment Performance, and Assessment of Microbial Community Diversity and Structure Using Tower Vermifiltration	1
9	0	Prüss-Ustün A（2014）	Burden of Disease from Inadequate Water, Sanitation and Hygiene in Low- and Middle-Income Settings: A Retrospective Analysis of Data from 145 Countries	2
8	0.08	Clasen T（2007）	Interventions to Improve Water Quality for Preventing Diarrhoea	6
8	0.07	Harvey PA（2007）	Cost Determination and Sustainable Financing for Rural Water Services in Sub-Saharan Africa	4
8	0	Zhang Y（2015）	Performance of System Consisting of Vertical Flow Trickling Filter and Horizontal Flow Multi-Soil-Layering Reactor for Treatment of Rural Wastewater	1
7	0.08	Wright J（2004）	Household Drinking Water in Developing Countries: A Systematic Review of Microbiological Contamination Between Source and Point-Of-Use	5
7	0.03	Moriarty P（2013）	Trends in Rural Water Supply: Towards a Service Delivery Approach	2

续表

频次（次）	中心性值	节点名	文献题目	集群
7	0.01	Arnold BF（2007）	Treating Water with Chlorine at Point-Of-Use to Improve Water Quality and Reduce Child Diarrhea in Developing Countries: A Systematic Review and Meta-Analysis	6
7	0	WHO（2011）	Guidelines for Drinking-Water Quality, Fourth Edition	2
5	0.02	Whittington D（2009）	How Well is the Demand-Driven, Community Management Model for Rural Water Supply Systems Doing? Evidence from Bolivia, Peru and Ghana	4
4	0.13	Montgomery MA（2009）	Increasing Functional Sustainability of Water and Sanitation Supplies in Rural Sub-Saharan Africa	4
4	0.11	WHO/UNICEF（2010）	Progress on Sanitation and Drinking-Water: 2010 Update	5
4	0.03	Souter PF（2003）	Evaluation of a New Water Treatment for Point-Of-Use Household Applications to Remove Microorganisms and Arsenic from Drinking Water	6
4	0.03	Fewtrell L（2005）	Water, Sanitation, and Hygiene Interventions to Reduce Diarrhoea in Less Developed Countries: A Systematic Review and Meta-Analysis	6
4	0	Lockie S（2007）	Roll-Out Neoliberalism and Hybrid Practices of Regulation in Australian Agri-Environmental Governance	3
4	0	Sobsey MD（2008）	Point of Use Household Drinking Water Filtration: A Practical, Effective Solution for Providing Sustained Access to Safe Drinking Water in the Developing World	5
3	0.01	Clasen T（2007）	Interventions To Improve Water Quality for Preventing Diarrhoea: Systematic Review and Meta-Analysis	6

注：表中的频次指该文献出现在本章所下载数据的参考文献列表中的次数，并非该文献在 WoS 数据中被引次数。

性能，并通过实验证明了该系统能明显提高农村生活污水处理水平。[1]

---

[1] L. Wang, F. Guo, Z. Zheng, et al., "Enhancement of Rural Domestic Sewage Treatment Performance, and Assessment of Microbial Community Diversity and Structure Using Tower Vermi-filtration," *Bioresource Technology* 102 (2011): 9462–9470.

187

Wu 等提出一种利用户用人工湿地与柳树复合处理中国北方地区农村生活污水的方法，并通过实验证明了该系统的可靠性及其推广的可行性。[①] Zhang 等为了提高农村污水的脱氮效果，研制了一种新型的由垂直流滴滤池和水平流多层土壤生物反应器组成的两级混合污水处理系统，并对该系统的性能进行了测评。[②] Song 等通过交互因子分析，探讨了多土壤分层（Multi-Soil-Layering，MSL）系统的污水处理性能，并针对污染物去除过程中的多变量非线性关系，提出了一种逐步聚类推理模型，研究结果有助于人们更好地理解 MSL 系统中污染物去除的复杂过程。[③]

2. 农村饮用水供水服务议题

集群 2 的施引文献主要集中于与农村饮用水供水相关的研究，包括服务方式、管理方式研究等。在该集群中，重要的文献包括 Prüss-Ustün A（2014）、Hutchings P（2015）、Moriarty P（2013）、WHO（2011）等。其中，Prüss-Ustün 等评估了中低收入人群中由饮用水、环境和个人卫生问题造成的腹泻等疾病给其家庭带来的经济等方面的负担。这证实了改善中低收入地区的饮水和卫生基础设施对预防腹泻病的重要性，并指出对社区污水进行处理是解决此类问题的一条可靠途径。[④] Hutchings 等系统回顾和分析了 174 个农村社区供水管理的成功案例，发现社区内部的集体主动性、领导能力和机构透明度是农村供水管理成功与否的关

---

① S. Wu, D. Austin, L. Liu, et al., "Performance of Integrated Household Constructed Wetland for Domestic Wastewater Treatment in Rural Areas," *Ecological Engineering* 37（2011）: 948 – 954.

② Y. Zhang, Y. Cheng, C. Yang, et al., "Performance of System Consisting of Vertical Flow Trickling Filter and Horizontal Flow Multi-Soil-Layering Reactor for Treatment of Tural Wastewater," *Bioresource technology* 193（2015）: 424 – 432.

③ P. Song, G. Huang, C. An, et al., "Treatment of Rural Domestic Wastewater Using Multi-Soil-Layering Systems: Performance Evaluation, Factorial Analysis and Numerical Modeling," *Science of the Total Environment* 644（2018）: 536 – 546.

④ A. Prüss-Ustün, J. Bartram, T. Clasen, et al., "Burden of Disease from Inadequate Water, Sanitation and Hygiene in Low-and Middle-Income Settings: A Retrospective Analysis of Data from 145 Countries," *Tropical Medicine & International Health* 19（2014）: 894 – 905.

键内因，并指出社区人群的经济水平与供水管理的有效性有较强的正相关关系。① Moriarty 等分析了发展中国家农村供水面临的一些挑战，如服务提供商的服务差、硬件故障率高等。文章认为，应对这些挑战，发展中国家需要转变服务方式，从提供供水硬件的服务，转变为引导用户正确使用已安装的硬件，并将此作为普及农村供水服务的基础。② WHO（2011）是《世界卫生组织饮用水水质准则第四版》，其对环境危害的等级进行了详细规定，并就不同等级的环境危害提出了应对建议。③

3. 农村用水权管理议题

集群 3 的施引文献多集中于用水权管理。该集群中重要的文献有 Lockwood H（2011）和 Lockie S（2007）等。其中，Lockwood H（2011）是整个网络中被引次数和中心性值最高的文献，该文献认为对农村供水的支持，需从以提供设备为主转向以提供服务为主，并对有关国家组织和个人如何逐步转向服务提供提出了一些见解。可以参考该文献的组织和个人包括政府部门、非政府组织、开发银行，以及有兴趣改进农村供水方案的设计师、工程师、营利性投资机构和慈善机构。④ Lockie S（2007）介绍了澳大利亚农业环境治理中推行新自由主义和混合监管模式的一些实践。文章指出，由于各部门间的竞争关系和矛盾的存在，这些实践活动可能无法达到预期效果。这些实践活动和规定能否奏效并产生更广泛的影响，取决于当局管理能力、资本

---

① P. Hutchings, M. Y. Chan, L. Cuadrado, et al., "A Systematic Review of Success Factors in the Community Management of Rural Water Supplies over the Past 30 Years," *Water Policy* 17 (2015): 963 – 983.

② P. Moriarty, S. Smits, B. John, et al., "Trends in Rural Water Supply: Towards a Service Delivery Approach," *Water Alternatives-an Interdisciplinary Journal on Water Politics and Development* 6 (2013): 329 – 349.

③ WHO, Guidelines for Drinking-Water Quality(Fourth Edition) (World Health Organization, 2011).

④ H. Lockwood, S. Smits, *Supporting Rural Water Supply: Moving Towards a Service Delivery Approach* (Practical Action Publishing, 2011).

积累和私有产权等因素。①

4. 发展中国家农村供水管理议题

集群 4 的施引文献主要集中于发展中国家和地区的农村供水系统管理和运营的相关研究。该集群中重要的文献包括 Whittington D（2009）、Montgomery MA（2009）和 Harvey PA（2007）等。其中，Whittington 等以玻利维亚、秘鲁和加纳为例，研究了以需求为导向的农村供水系统社区管理模式的推广情况。结果表明，需求驱动的社区管理模式虽然在很大程度上解决了发展中国家农村供水计划难以设计和实施的问题，但农村家庭为改善供水服务而支付的费用很少，导致许多村庄水委员会的财务状况欠佳。Montgomery 等为了提升撒哈拉以南非洲农村地区供水和卫生设施运营的可持续性，对影响农村供水和卫生设施可持续发展的因素进行了探测，发现社会的需求和政府的融资、成本管控以及动态运维能力是农村供水和卫生条件得到持续改善的三个重要的影响因素，在此基础上，建议相关科研团队将这三个重要影响因素作为农村供水和卫生相关调查的基础。Harvey 提出一种基于机构运营、维护、扩建等费用构建模型，以计算农村供水服务费用的方法，并将该方法运用于撒哈拉以南非洲农村地区供水成本的估算中。

5. 农村饮用水质提升技术议题

集群 5 施引文献集中于与水处理技术相关的研究。该集群中重要文献主要包括 WHO/UNICEF（2010）、Wright J（2004）和 Sobsey MD（2008）等。其中，WHO/UNICEF（2010）为世界卫生组织和联合国儿童基金会共同出版的供水和环境卫生联合监测报告。该报告提供了全球饮用水和环境卫生的最新数据，这些新数据在一定程度上揭示了全球基本卫生设施和饮用水问题的现状与发展趋势。② Wright 等对发展中国家

---

① S. Lockie, V. Higgins, "Roll-Out Neoliberalism and Hybrid Practices of Regulation in Australian Agri-Environmental Governance," *Journal of Rural Studies* 23 (2007): 1–11.

② WHO/UNICEF, Progress on Sanitation and Drinking-Water: 2010 Update (World Health Organization, 2010).

饮用水微生物污染情况进行了系统的综述性研究，揭示了发展中国家家庭饮用水微生物污染原因，并评估了其污染的程度。为保证家庭饮用水的质量，文章建议人们使用更安全有效的饮用水储存和处理设施，并引入使用点水质监测方法。[①] Sobsey 等指出缺乏安全用水给发展中国家的人民带来了腹泻和其他致命疾病的高发病率，并认为 POU（Point of Use，使用点）水处理技术可为发展中国家的家庭用水安全问题提供实用、有效的解决方案。[②]

6. 农村饮用水对公共卫生影响议题

集群 6 的施引文献主要关注饮用水、环境等因素与疾病的研究。该集群中重要的文献包括 Arnold BF（2007）、Fewtrell L（2005）、Clasen T（2007）和 Souter PF（2003）等。其中，Arnold 和 Colford 系统地回顾和分析了关于腹泻对儿童健康的影响以及含氯净水装置对水质的影响的几乎所有研究。文章发现，干预治疗能降低儿童腹泻发病率，但同时也指出，这个结论需要通过长期的随访调查和论证，才能证明其可靠性并被大众接受。[③] Fewtrell 等系统地综述和分析了发展中国家为了降低腹泻的发病率，对水、环境及公民个人卫生问题采取的干预措施。文章发现，在使用点进行水质干预具有较高的有效性，但多种干预措施同时实施并不比单一重点干预更有效。[④] Clasen 等评估了通过提升饮用水微生物种群

---

① J. Wright, S. Gundry, R. Conroy, et al., "Household Drinking Water in Developing Countries: A Systematic Review of Microbiological Contamination between Source and Point-Of-Use," *Tropical Medicine & International Health* 9 (2004): 106 – 117.

② M. D. Sobsey, C. E. Stauber, L. M. Casanova, et al., "Point of Use Household Drinking Water Filtration: A Practical, Effective Solution for Providing Sustained Access to Safe Drinking Water in the Developing World," *Environmental Science & Technology* 42 (2008): 4261 – 4267.

③ B. Arnold, J. M. Colford, "Treating Water with Chlorine at Point-Of-Use to Improve Water Quality and Reduce Child Diarrhea in Developing Countries: A Systematic Review and Meta-Analysis," *The American Journal of Tropical Medicine & Hygiene* 76 (2007): 354 – 364.

④ L. Fewtrell, R. B. Kaufmann, D. Kay, et al., "Water, Sanitation, and Hygiene Interventions to Reduce Diarrhoea in Less Developed Countries: A Systematic Review and Meta-Analysis," *Lancet Infectious Diseases* 5 (2005): 42 – 52.

的质量改善水质以预防腹泻的方法的有效性。结果表明，改善水质能有效降低所有年龄段人群腹泻的发生率。[1] Souter 等测试了一种基于絮凝、沉淀和消毒的新的使用点水处理系统（该系统主要用于去除饮用水中的细菌、病毒和寄生虫病原体以及砷）的性能，评估了该系统在发展中国家推广的潜力。结果表明，该系统的推广将有助于提升发展中国家家庭的饮用水质量。[2]

总体来说，40 多年来的重要文献都是围绕水治理问题展开研究的。2001 年以前，学界没有形成显著的聚类，农村生态环境治理领域并没有形成明显的研究主题，此后开始出现几个分散的研究重点，包括饮用水、生活环境与腹泻等。2006 年后，研究重点围绕发展中国家农村供水系统管理与运营、水权管理等问题展开，近年来的研究多集中于新技术和新方法。

（二）研究前沿识别

研究前沿反映了研究领域的发展轨迹。[3] 图 7 - 7 显示的是农村生态环境治理研究中的突现关键词，展示了截至 2020 年的农村生态环境治理研究主题变化趋势，可以归纳出以下 5 个特征。

1. 研究对象逐步细化

全球农村生态环境治理研究主要围绕水这一研究对象展开，并对它进行了细致的讨论，在不同时间段突现新的细分领域，从 2001 年首次突现的 water（水）开始，到 2007 年的 wastewater（污水）、2011 年的 constructed wetland（人工湿地），再到 2012 年的 drinking water（饮用水）等研究对象，都属于水的子领域问题。这说明水的安全饮用和污染治理等

---

① T. Clasen, W. -P. Schmidt, T. Rabie, et al., "Interventions to Improve Water Quality for Preventing Diarrhoea: Systematic Review and Meta-Analysis," *British Medical Journal* 334 (2007): 782 - 785.

② P. F. Souter, G. D. Cruickshank, M. Z. Tankerville, et al., "Evaluation of a New Water Treatment for Point-Of-Use Household Applications to Remove Microorganisms and Arsenic from Drinking Water," *Journal of Water and Health* 1 (2003): 73 - 84.

③ C. Chen, Y. Chen, J. Hou, et al., "CiteSpace Ⅱ: Detecting and Visualizing Emerging Trends and Transient Patterns in Scientific Literature," *Journal of the China Society for Scientific and Technical Information* 28 (2009): 401 - 421.

关键词	突现值	首突年	终止年	突现年份
water	5.3147	2001	2009	
policy	8.8064	2003	2015	
rural	6.169	2005	2015	
community	4.1148	2006	2010	
risk	4.0082	2006	2010	
wastewater	5.3.5875	2007	2010	
conservation	7.1472	2007	2015	
removal	5.9453	2009	2020	
management	6.4317	2010	2018	
constructed wetland	7.2544	2011	2020	
governance	8.8769	2011	2015	
quality	7.5932	2011	2020	
drinking water	5.8856	2012	2020	
performance	10.3699	2012	2020	
sustainability	7.2219	2013	2020	
system	8.5721	2016	2020	
China	9.1381	2016	2020	
impact	10.1028	2017	2020	
participation	8.7674	2017	2020	

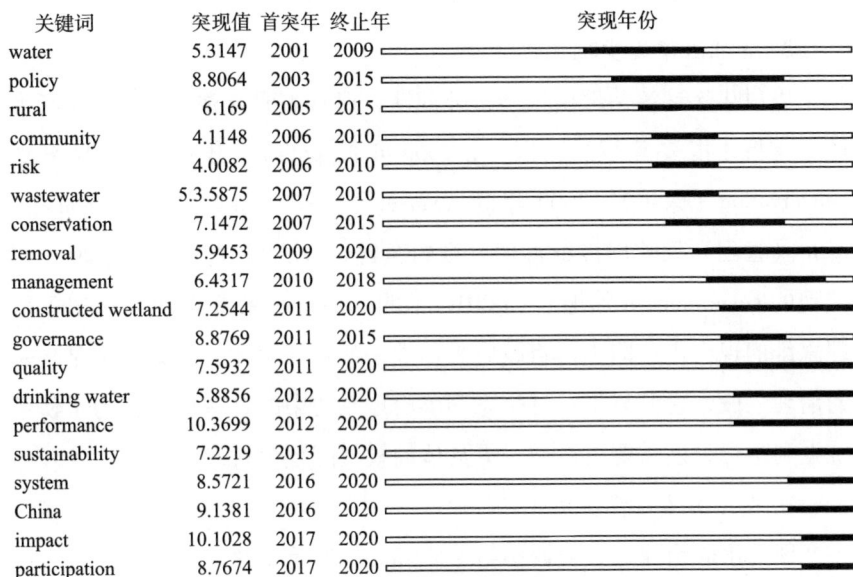

图 7 - 7　农村生态环境治理研究突现关键词（截至 2020 年）

是全球农村生态环境治理最关注的问题，对水的研究也日益精细化与专业化。其中，人工湿地和饮用水到 2020 年依然是最活跃的研究对象。[①]

2. 研究目标逐步深化

在研究目标方面，世界农村生态环境治理的研究关键词从 2006 年首次突现的 risk（风险）到 2011 年的 quality（质量）和 2012 年的 performance（表现），呈现从关注结果管理到关注过程管理的特点，体现出研究目标的深化和进步。2013 年突现的关键词 sustainability（持续性）和 2017 年的 impact（影响）更是展示出可持续发展和生态影响评价的科学性理念。且后 4 个关键词至少一直活跃至 2020 年，说明这些

---

① M. A. Massoud, A. Tarhini, J. A. Nasr, "Decentralized Approaches to Wastewater Treatment and Management: Applicability in Developing Countries," *Journal of Environmental Management* 90 (2009): 652 - 659; WHO, Guidelines for Drinking-Water Quality(Fourth Edition) (World Health Organization, 2011); P. Song, G. Huang, C. An, et al. , "Treatment of Rural Domestic Wastewater Using Multi-Soil-Layering Systems: Performance Evaluation, Factorial Analysis and Numerical Modeling," *Science of the Total Environment* 644 (2018): 536 - 546.

科学理念是当前阶段农村生态环境治理的主流思想。①

3. 管理思维逐步现代化

农村生态环境治理由于涉及外部性，通常需要依靠政府承担责任和政策支持才能妥善解决，因此，2003 年的 policy（政策）、2007 年的 conservation（保护）、2009 年的 removal（搬迁）和 2010 年的 management（管理）反映出传统管理思维的关键词成为研究热点。但 2011 年突现的 governance（治理）和 2016 年的 system（系统）却反映出了管理思维的现代化，即不再将政府当作唯一的责任主体、政策不再是唯一的治理手段，它们只是农村生态环境治理系统中的某些环节，为了使系统顺利运行，还需要更复杂、更具体的权责配置模式。②

4. 参与主体逐步多元化

现代化的治理尤其强调参与主体多元化的重要性，通过多元共治可以广泛发挥社会主体参与的积极性、沟通协商和监督等作用，实现政府治理和社会调节的良性互动。③ 农村生态环境治理研究呈现越来越重视多元主体参与作用的特点。2005 年突现的关键词 rural（农村）还较为局限，2006 年逐步扩大到对更广泛的 community（社区）的关注，到 2017 年更是直接研究 participation（参与）的作用，且该关键词到 2020 年依然是热点研究主题。

---

① L. Fewtrell, R. B. Kaufmann, D. Kay, et al., "Water, Sanitation, and Hygiene Interventions to Reduce Diarrhea in Less Developed Countries: A Systematic Review and Meta-Analysis," *Lancet Infectious Diseases* 5 (2005): 42 – 52; M. A. Montgomery, J. Bartram, M. Elimelech, "Increasing Functional Sustainability of Water and Sanitation Supplies in Rural Sub-Saharan Africa," *Environmental Engineering Science* 26 (2009): 1017 – 1023; C. -Y. Yu, M. J. Xu, "Local Variations in the Impacts of Built Environments on Traffic Safety," *Journal of Planning Education and Research* 38 (2017): 314 – 328.

② 陆卫明、冯晔：《论新发展阶段生态文明建设的中国优势》，《西安交通大学学报》（社会科学版）2021 年第 4 期；聂沉香：《马克思主义生态文明视域下美丽乡村建设研究》，《现代农业研究》2021 年第 4 期；温暖：《多元共治：乡村振兴背景下的农村生态环境治理》，《云南民族大学学报》（哲学社会科学版）2021 年第 3 期。

③ 刘纯明、余成龙：《农村生态文明建设中政府生态责任培育的四维策略》，《重庆理工大学学报》（社会科学版）2019 年第 12 期；符明秋、朱巧怡：《乡村振兴战略下农村生态文明建设现状及对策研究》，《重庆理工大学学报》（社会科学版）2021 年第 4 期。

5. 治理视野逐步国际化

值得注意的是，2016 年，China（中国）作为唯一一个国家关键词突现，且对中国的研究一直至少活跃至 2020 年。结合前文的分析，主要原因包括两方面：一方面，中国的研究机构发文量越来越多，且机构间合作密切，势必使得当前发表的期刊论文更聚焦于中国问题；另一方面，中国将国家治理能力提升、生态文明建设和乡村振兴等问题擢升到国家战略高度，是全球国家的首创之举，可见中国对农村生态环境治理的重视程度，这驱动了中国的相关研究蓬勃发展，与之相对应地，中国的治理经验也在国际社会发挥越来越重要的作用。①

第三节　小结与展望

农村生态环境治理是关系到人类发展和福祉的重要问题，需要各行各界从多学科、多领域、多主体角度入手对其展开细致研究，才能更有效地帮助实现科学治理。为此，本章采用科学计量学分析方法，描述和分析全球农村生态环境治理领域 40 多年来研究出版文献的蓬勃发展历程，并试图展望未来的发展趋势。

一　全球农村生态环境治理研究总结

近年来，全球农村生态环境治理研究出版物总量呈明显上升趋势，*Water Science and Technology*，*Sustainability*，*Water* 是农村生态环境治理研究最活跃（发文量最大）的三个期刊；环境科学、生态学、工程学

---

① 彭伟西、李丁丁、方苑冰等：《农业面源污染防治的广东经验及其启示》，《中国发展观察》2020 年第 24 期；谷晓芸：《马克思人与自然关系思想及其对当代生态文明建设的启示》，《中国石油大学学报》（社会科学版）2021 年第 2 期；李宇遐、郭晶、刘永君：《乡村振兴中严明政府生态环境保护责任的历史进程与实现路径》，《鲁东大学学报》（哲学社会科学版）2021 年第 1 期；聂沉香：《马克思主义生态文明视域下美丽乡村建设研究》，《现代农业研究》2021 年第 4 期；温暖：《多元共治：乡村振兴背景下的农村生态环境治理》，《云南民族大学学报》（哲学社会科学版）2021 年第 3 期。

既是该研究重要的知识源泉，也是该研究发展主要的驱动因子及开展跨学科研究的重要桥梁。在研究产出和全球影响力方面，美国处于领先地位，中国的研究成果得到本领域的高度认可。荷兰和美国的国际合作程度最高。中国科学院、埃默里大学和浙江大学是该研究中最活跃的机构。

在农村生态环境治理研究中，各国保持着紧密的合作关系，荷兰、美国、英国是国际合作程度最高的三个国家，在某种程度上这三个国家的国际合作程度与质量代表了全球农村生态环境治理研究的最高水平，它们合作的研究方向和研究成果，可能对该领域研究的走向产生重要影响。荷兰通过频繁的国际合作，使其在本领域和整个学界的影响力显著提升。从发文量前 20 的机构的合作关系看，合作关系多产生于同一国家内的机构间。中国机构间的合作最为活跃，一个可能的原因是近些年来，中国政府的一些积极政策（如生态文明建设、乡村振兴和美丽乡村建设等）驱动了相关研究的快速发展。

农村生态环境治理相关研究具有很强的领域多样性，其中，环境科学、生态学、工程学是农村生态环境治理研究最重要的三个领域，它们既是该研究重要的知识源泉，也是该研究发展主要的驱动因子。城乡规划和公共管理是农村生态环境治理跨学科研究的重要桥梁领域。随着研究的深入，各研究领域呈现学科更加丰富、进一步细化和融合发展的趋势。

二　全球农村生态环境治理未来研究趋势

基于文献共引网络，本章获得了农村生态环境治理研究路线的变化趋势，总体来说，40 多年来的重要文献和聚类都是围绕水治理问题展开研究的。早期的农村生态环境治理研究主要集中于与饮用水、生活环境与腹泻等疾病相关的领域。中期以发展中国家和地区（特别是非洲地区）农村供水系统管理与运营、水权管理等研究为主。近些年的研究主要从生活垃圾、生活污水、污染物、废弃物等处理和管理等方面展开，并对一些新的处理技术和管理方法进行了积极的探索，包括污水的脱氮系统、污水过滤系统等。农村生态环境治理主要研究方向已从饮用水、生活环境与疾病，转变为供水系统管理与运营，未来该领域研究将集中于新技术的探索和管理方法的创新。

前沿演化分析的结果呈现了农村生态环境治理研究发展趋势的五个显著特征：研究对象围绕水治理问题逐步细化、研究目标逐步深化、管理思维逐步现代化、参与主体逐步多元化和治理视野逐步国际化。随着研究的深入，各研究领域呈现学科更加细化、跨学科研究日益活跃的趋势，这是未来学界的发展方向。

三　中国在全球农村生态环境治理研究中的作用显著

中国在全球农村生态环境治理研究中的地位越来越突出。首先，中国研究机构发文数量位居世界第二，十分活跃，中国科学院是该领域最具影响力的研究机构。其次，国内研究机构间合作积极，研究的本土化特征明显；国际交流有待加强，领域影响力和全科学界影响力有待提高。最后，"中国"作为唯一一个国家名称关键词成为研究热点并保持活跃，显示了中国在学界的高关注度。未来，中国的农村生态环境治理经验必将在国际上产生更重要的影响和作用。

参考文献

〔美〕埃莉诺·奥斯特罗姆:《公共事物的治理之道》,余逊达、陈旭东译,上海译文出版社,2012。

〔美〕埃莉诺·奥斯特罗姆:《公共资源的未来:超越市场失灵和政府管制》,郭冠清译,中国人民大学出版社,2015。

〔美〕B. 盖伊·彼得斯:《政府未来的治理模式》,吴爱明、夏宏图译,中国人民大学出版社,2017。

毕茜:《农户行为与农业面源污染控制研究》,科学出版社,2018。

蔡键:《风险偏好、外部信息失效与农药暴露行为》,《中国人口·资源与环境》2014年第9期。

曹海军:《"国家学派"评析:基于国家自主与国家能力维度的分析》,《政治学研究》2013年第1期。

〔美〕查尔斯·C. 拉金:《重新设计社会科学研究》,杜运周等译,机械工业出版社,2019。

陈悦、陈超美、胡志刚:《引文空间分析原理与应用:CiteSpace实用指南》,科学出版社,2014。

崔小年:《城郊生猪养殖业发展研究:以北京市为例》,博士学位论文,中国农业大学,2014。

崔新蕾、蔡银莺、张安录:《农户减少化肥农药施用量的生产意愿及影响因素》,《农村经济》2011年第11期。

丁晋清、张造群、郭跃文等:《中国共产党百年理论武装研究》,社会科学文献出版社，2021。

董海军、郭岩升：《中国社会变迁背景下的环境治理流变》，《学习与探索》2017年第7期。

杜焱强：《农村环境治理70年：历史演变、转换逻辑与未来走向》，《中国农业大学学报》（社会科学版）2019年第5期。

冯淑怡、罗小娟、张丽军、石晓平：《养殖企业畜禽粪尿处理方式选择、影响因素与适用政策工具分析——以太湖流域上游为例》，《华中农业大学学报》（社会科学版）2013年第1期。

〔美〕弗朗西斯·福山：《何谓"治理"？如何研究？》，王匡夫译，《国外理论动态》2018年第6期。

高晶晶、史清华：《农户生产性特征对农药施用的影响：机制与证据》，《中国农村经济》2019年第11期。

高鸣、宋洪远、Michael Carter：《补贴减少了粮食生产效率损失吗？——基于动态资产贫困理论的分析》，《管理世界》2017年第9期。

郭跃文、丁晋清等：《使命型政党塑造的有效国家：现代化建设奇迹与中国共产党领导下的国家治理》，社会科学文献出版社，2021。

郭跃文、王珺主编《国家能力支撑下的市场孵化——中国道路与广东实践》，人民出版社，2019。

韩冬梅、刘静、金书秦：《中国农业农村环境保护政策四十年回顾与展望》，《环境与可持续发展》2019年第2期。

何思洋、李蒙、傅童成等：《中国畜禽粪便管理政策现状和前景述评》，《中国农业大学学报》2020年第5期。

〔加拿大〕亨利·明茨伯格：《卓有成效的组织》，魏青江译，中国人民大学出版社，2012。

胡浩、郭利京：《农区畜牧业发展的环境制约及评价——基于江苏省的实证分析》，《农业技术经济》2011年第6期。

黄季焜、刘莹：《农村环境污染情况及影响因素分析——来自全国百村的实证分析》，《管理学报》2010年第11期。

〔美〕黄宗智:《华北的小农经济与社会变迁》,中华书局,2000。

贾彦松:《生态脆弱地区社区参与式旅游的社区共享机制研究》,硕士学位论文,西南交通大学,2011。

姜海、雷昊、白璐等:《不同类型地区畜禽养殖废弃物资源化利用管理模式选择——以江苏省太湖地区为例》,《资源科学》2015年第12期。

孔凡斌、钟海燕、潘丹:《不同规模农户环境友好型生产行为的差异性分析——基于全国7省1059户农户调研数据》,《农业经济与管理》2019年第4期。

孔祥才:《畜禽养殖污染的经济分析及防控政策研究》,博士学位论文,吉林农业大学,2017。

兰婷:《乡村振兴背景下农业面源污染多主体合作治理模式研究》,《农村经济》2019年第1期。

李昊、李世平、南灵:《农药施用技术培训减少农药过量施用了吗?》,《中国农村经济》2017年第10期。

李杰、陈超美:《CiteSpace:科技文本挖掘及可视化》,首都经济贸易大学出版社,2016。

李乾、王玉斌:《畜禽养殖废弃物资源化利用中政府行为选择——激励抑或惩罚》,《农村经济》2018年第9期。

李楯:《深度思考:农村环境恶化与全面水危机》,载杨东平主编《中国环境发展报告(2012)》,社会科学文献出版社,2012。

刘超:《协商民主视阈下我国环境公众参与制度的疏失与更新》,《武汉理工大学学报》(社会科学版)2014年第1期。

刘静:《中国特色社会主义生态文明建设研究》,博士学位论文,中共中央党校,2011。

刘克春:《粮食生产补贴政策对农户粮食种植决策行为的影响与作用机理分析——以江西省为例》,《中国农村经济》2010年第2期。

刘忆兰:《补贴政策对养殖户畜禽粪便处理方式选择的影响研究——基

于沼气处理方式的调研》，硕士学位论文，西北农林科技大学，2018。

刘铮、刘洪彬、欧文影、李思怡：《辽宁省农户测土配方施肥技术采纳行为研究》，《农业经济》2019年第11期。

罗向明、张伟、谭莹：《政策性农业保险的环境效应与绿色补贴模式》，《农村经济》2016年第11期。

罗小娟、冯淑怡、黄信灶：《信息传播主体对农户施肥行为的影响研究——基于长江中下游平原690户种粮大户的空间计量分析》，《中国人口·资源与环境》2019年第4期。

〔德〕马克斯·韦伯：《韦伯作品集Ⅶ：社会学的基本概念》，顾忠华译，广西师范大学出版社，2005。

〔德〕马克斯·韦伯著，约翰内斯·温克尔曼整理《经济与社会》上卷，林荣远译，商务印书馆，1997。

《毛泽东文集》第六卷，人民出版社，1999。

孟祥海：《中国畜牧业环境污染防治问题研究》，博士学位论文，华中农业大学，2014。

聂沉香：《马克思主义生态文明视域下美丽乡村建设研究》，《现代农业研究》2021年第4期。

潘丹、孔凡斌：《基于扎根理论的畜禽养殖废弃物循环利用分析：农户行为与政策干预路径》，《江西财经大学学报》2018年第3期。

潘丹、孔凡斌：《养殖户环境友好型畜禽粪便处理方式选择行为分析——以生猪养殖为例》，《中国农村经济》2015年第9期。

〔美〕乔尔·米格代尔：《国家能力：建立权威》，杨端程、陆屹洲译，《中国政治学》2020年第1期。

曲格平：《中国环境保护事业发展历程提要》，《环境保护》1988年第3期。

饶静、张燕琴：《从规模到类型：生猪养殖污染治理和资源化利用研究——以河北LP县为例》，《农业经济问题》2018年第4期。

〔美〕塞缪尔·P. 亨廷顿：《变化社会中的政治秩序》，王冠华、刘为
　　等译，生活·读书·新知三联书店，1989。

沈费伟、刘祖云：《农村环境善治的逻辑重塑——基于利益相关者理论
　　的分析》，《中国人口·资源与环境》2016 年第 5 期。

沈满洪：《论环境问题的制度根源》，《浙江大学学报》（人文社会科学
　　版）2000 年第 3 期。

舒畅：《基于经济与生态耦合的畜禽养殖废弃物治理行为及机制研究》，
　　博士学位论文，中国农业大学，2017。

田云、张俊飚、何可、丰军辉：《农户农业低碳生产行为及其影响因素
　　分析——以化肥施用和农药使用为例》，《中国农村观察》2015 年
　　第 4 期。

王桂霞、杨义风：《生猪养殖户粪污资源化利用及其影响因素分析——
　　基于吉林省的调查和养殖规模比较视角》，《湖南农业大学学报》
　　（社会科学版）2017 年第 3 期。

魏佳容：《城乡一体化导向的生活垃圾统筹治理研究》，《中国人口·资
　　源与环境》2015 年第 4 期。

魏欣、李世平、张丛军：《农户施肥行为及其影响因素分析——基于陕
　　西关中地区不同农作物种植户的调研》，《农村经济》2018 年第
　　12 期。

邬兰娅、齐振宏、黄炜虹：《环境感知、制度情境对生猪养殖户环境成
　　本内部化行为的影响——以粪污无害化处理为例》，《华中农业大
　　学学报》（社会科学版）2017 年第 5 期。

习近平：《努力建设人与自然和谐共生的现代化》，《奋斗》2022 年第
　　11 期。

《习近平谈治国理政》第三卷，外文出版社，2020。

《习近平谈治国理政》第四卷，外文出版社，2022。

《习近平谈治国理政》，外文出版社，2014。

习近平：《推动我国生态文明建设迈上新台阶》，《资源与人居环境》

2019 年第 2 期。

习近平：《之江新语》，浙江人民出版社，2013。

徐志刚、张骏逸、吕开宇：《经营规模、地权期限与跨期农业技术采用——以秸秆直接还田为例》，《中国农村经济》2018 年第 3 期。

杨军香、王合亮、焦洪超、林海：《不同种植模式下的土地适宜载畜量》，《中国农业科学》2016 年第 2 期。

姚升、王光宇：《基于分区视角的畜禽养殖粪便农田负荷量估算及预警分析》，《华中农业大学学报》（社会科学版）2016 年第 1 期。

应瑞瑶、朱勇：《农业技术培训方式对农户农业化学投入品使用行为的影响——源自实验经济学的证据》，《中国农村观察》2015 年第 1 期。

余克弟、刘红梅：《农村环境治理的路径选择：合作治理与政府环境问责》，《求实》2011 年第 12 期。

虞祎、张晖、胡浩：《排污补贴视角下的养殖户环保投资影响因素研究——基于沪、苏、浙生猪养殖户的调查分析》，《中国人口·资源与环境》2012 年第 2 期。

郁建兴、高翔：《农业农村发展中的政府与市场、社会：一个分析框架》，《中国社会科学》2009 年第 6 期。

曾菊新、杨晴青、刘亚晶、赵纯凤、李伯华：《国家重点生态功能区乡村人居环境演变及影响机制——以湖北省利川市为例》，《人文地理》2016 年第 1 期。

詹国彬、陈健鹏：《走向环境治理的多元共治模式：现实挑战与路径选择》，《政治学研究》2020 年第 2 期。

张国磊、张新文：《"美丽乡村"建设中的政府动员与基层互动——基于广西钦州的个案调研分析》，《北京社会科学》2015 年第 7 期。

张蒙萌、李艳军：《农户"被动信任"农资零售商的缘由：社会网络嵌入视角的案例研究》，《中国农村观察》2014 年第 5 期。

张维理、武淑霞、冀宏杰、Kolbe H.：《中国农业面源污染形势估计及控制对策 I. 21 世纪初期中国农业面源污染的形势估计》,《中国农业科学》2004 年第 7 期。

张蔚文、石敏俊、黄祖辉:《控制非点源污染的政策情景模拟:以太湖流域的平湖市为例》,《中国农村经济》2006 年第 3 期。

赵成、于萍:《生态文明制度体系建设的路径选择》,《哈尔滨工业大学学报》(社会科学版)2016 年第 5 期。

赵鼎新:《社会与政治运动讲义》(第二版),社会科学文献出版社,2012。

赵明霞:《我国农村生态文明建设的制度建构研究》,博士学位论文,河北工业大学,2016。

赵新民、姜蔚、程文明:《基于计划行为理论的农村居民参与人居环境治理意愿研究:以新疆为例》,《生态与农村环境学报》2021 年第 4 期。

赵玥、李翠霞:《畜禽粪污治理政策演化研究》,《农业现代化研究》2021 年第 2 期。

郑微微、沈贵银、李冉:《畜禽粪便资源化利用现状、问题及对策——基于江苏省的调研》,《现代经济探讨》2017 年第 2 期。

钟甫宁、顾和军、纪月清:《农民角色分化与农业补贴政策的收入分配效应——江苏省农业税减免、粮食直补收入分配效应的实证研究》,《管理世界》2008 年第 5 期。

周振、张琛、彭超、孔祥智:《农业机械化与农民收入:来自农机具购置补贴政策的证据》,《中国农村经济》2016 年第 2 期。

图书在版编目（CIP）数据

中国农村生态环境治理 / 郭跃文等著. -- 北京：
社会科学文献出版社，2023.10
ISBN 978 - 7 - 5228 - 2179 - 5

Ⅰ.①中… Ⅱ.①郭… Ⅲ.①农村生态环境 - 环境管
理 - 研究 - 中国 Ⅳ.①F323.22

中国国家版本馆 CIP 数据核字（2023）第 141229 号

中国农村生态环境治理

著 者 / 郭跃文 曾云敏 等

出 版 人 / 冀祥德
组稿编辑 / 宋月华
责任编辑 / 韩莹莹
文稿编辑 / 陈彩伊
责任印制 / 王京美

出 版 / 社会科学文献出版社·人文分社（010）59367215
地址：北京市北三环中路甲 29 号院华龙大厦 邮编：100029
网址：www. ssap. com. cn
发 行 / 社会科学文献出版社（010）59367028
印 装 / 北京联兴盛业印刷股份有限公司

规 格 / 开 本：787mm × 1092mm 1/16
印 张：13.5 字 数：192 千字
版 次 / 2023 年 10 月第 1 版 2023 年 10 月第 1 次印刷
书 号 / ISBN 978 - 7 - 5228 - 2179 - 5
定 价 / 148.00 元

读者服务电话：4008918866